AF190105

STOLPERSTEINE DER ÖKUMENE

Alexander Basnar

Wien, 2019

Bibliografische Information der Deutschen Nationalbibliothek:
Die Deutsche Nationalbibliothek verzeichnet diese Publikation in der Deutschen
Nationalbibliografie; detaillierte bibliografische Daten sind im Internet über
www.dnb.de abrufbar.

Coverdesign: Michael Eichhorn www.websquirrel.at / + wertvolle
Anmerkungen

LXX – Septuaginta Deutsch © 2010 Deutsche Bibelgesellschaft
John Mac Arthur Studienbibel Schlachter 2000 - © CLV
Bielefeld und Genfer Bibelgesellschaft

Herstellung und Verlag:
BoD – Books on Demand, Norderstedt
ISBN: 978-3-7448-3493-3

Kontakt: alexander@basnar.at; hausgemeinde.wordpress.com;
www.fdgc.at

INHALT

Die Wahrheit und die Liebe

Dieses Büchlein mag für manche stellenweise wie ein Kübel kaltes Wasser über sie kommen, wie eine Icebucket-Challenge. Es mag da und dort religiöse Gefühle verletzen, weil viele kirchliche Lehren und Traditionen, zeitgeistige Fehlentwicklungen und andere heilige Kühe zur Schlachtbank geführt werden – *um der Wahrheit willen,* ohne die jene via Ökumene angestrebte Einheit der Christen in letzter Konsequenz ein tragikomisches Schauspiel bleibt. Schlachten muss der Leser diese die heilige Rinderherde jedoch für sich selbst, indem er die richtigen Konsequenzen daraus zieht. Ich darf und will hier niemanden bevormunden, denn auch Christus hat nie jemanden zu Seiner Nachfolge gezwungen – eher im Gegenteil viele abgeschreckt. Warum, werden wir in diesem Buch ansatzweise zu verstehen beginnen. Offenbar ist Er ganz anders als die meisten Christen Ihn sich vorstellen, und zwar gerade weil es Ihm um die Wahrheit geht und Er diese in *wahrer* Liebe gelehrt und repräsentiert hat.

Wahrheit und Liebe gehören untrennbar zusammen, weshalb ich – gewissermaßen als Anleitung zum Lesen – dem Buch ein paar grundlegende Gedanken vorausschicken möchte:

„[Gott gab die apostolische Lehre – Eph 4,11] … damit wir nicht mehr Unmündige seien, hin- und hergeworfen und umhergetrieben von jedem Wind der Lehre durch das betrügerische Spiel der Menschen, durch die Schlauheit, mit der sie zum Irrtum verführen, sondern, wahrhaftig in der Liebe, heranwachsen in allen

5

Stücken zu ihm hin, der das Haupt ist, der Christus." (Eph 4,14-15).

Eigentlich suchte ich „die Wahrheit in Liebe sagen", doch das steht nur indirekt da. Es geht um das Wort *aletheuo*, welches „wahr sein" bedeutet, und erst in der Folge die Wahrheit reden, festhalten oder etwas wahr machen. Vielfach wird Wahrheit zurückgewiesen, weil sie nicht liebevoll präsentiert wird. Anhand des Tons, der die Musik macht, wird dem Gegenüber unterstellt, ohne Liebe geredet zu haben, was wiederum zu einer Ausrede gemacht wird, die Wahrheit nicht annehmen zu müssen. Macht erst die empfundene Liebe die Wahrheit wahr? Oder macht die unterstellte Lieblosigkeit die Wahrheit unwahr? Unterstellte Lieblosigkeit? Durchaus, denn nur einer kennt wirklich die Herzen. Liebe fühlt sich manchmal auch nicht wie Liebe an: „*Denn wen der Herr lieb hat, den züchtigt er, und er schlägt jeden Sohn, den er annimmt. … Alle Züchtigung aber scheint uns für den Augenblick nicht zur Freude, sondern zur Traurigkeit zu dienen; danach aber gibt sie eine friedsame Frucht der Gerechtigkeit denen, die durch sie geübt sind.*" (Heb 12,6+11).

Ich kann nur grundsätzlich vorausschicken, dass mich die Liebe zum Herrn und den Seinen drängt, dieses Buch zu schreiben, da es mich tief betrübt, wie uneinig Gottes Volk einerseits ist, aber auch wie diese Uneinigkeit zustande kam. Wieviel falsche Lehre, menschliche Tradition und ehrlich gemeinte Irrtümer die einzelnen Kirchen geformt haben, sodass nicht nur tiefe Gräben *untereinander* entstanden sind. Das Evangelium selbst ist häufig so verkürzt, entstellt und entkräftet worden, dass häufig zu fragen ist, ob man durch diese Botschaft *überhaupt errettet* werden kann, oder ob sich viele nur einreden errettet zu sein. Das ist todernst und tragisch, und darum schreibe ich aus tiefbesorgter Liebe zu den Seelen. Doch so wie einst Kassandra Troja liebte, aber deren warnende Rufe nicht ernstgenommen wurden bis sie sich erfüllt hatten und Troja zerstört worden war, ergeht es auch denen, die Gottes Wort predigen, wie es geschrieben steht: „Herr, wer glaubte unserer Botschaft?", fragte sich etwa der Prophet Jesaja (Jes 53,1 LXX). Woran liegt es? Nicht nur der Prediger soll in Liebe predigen – auch die Zuhörer brauchen Liebe, um das Wort annehmen zu können:

„Die Liebe freut sich nicht an der Ungerechtigkeit, sie freut sich aber an der Wahrheit." (1.Kor 13,6)

Die Liebe freut sich an der Wahrheit. Wer also von der Liebe zu Christus und Seiner Gemeinde erfüllt ist, wird sich über das Wahre in dem Buch freuen, auch wenn diese auf den ersten Blick unerfreulich wirkt, denn noch schlimmer für die Liebe sind Ungerechtigkeit, Lüge und Heuchelei zu ertragen. Die Wahrheit aber macht frei (Joh 8,32)! Die Wahrheit engt auch nicht ein, wie viele befürchten. Paulus ermuntert uns: *„Unser Mund hat sich euch gegenüber geöffnet, ihr Korinther; unser Herz ist weit geworden! Ihr habt nicht engen Raum in uns [a.ü.: ihr seid nicht eingeengt durch uns]; aber eng ist es in euren Herzen! Vergeltet uns nun Gleiches – ich rede zu euch als zu meinen Kindern – und lasst es auch in euch weit werden!"* (2.Kor 6,11-13). Die Enge entsteht also nicht durch das Wort Gottes, welches uns die Apostel übermitteln, sondern durch die innere Abwehr desselben. Wir spüren es förmlich, wie es uns zusammenkrampft – und das zeigt, dass uns, den Hörern und Lesern der apostolischen Lehre, die wahre Liebe fehlt.

Mit großer Bestürzung lesen wir, wie Paulus jene beschreibt, die die Wahrheit nicht annehmen, weil ihnen diese Liebe fehlt:

„[Die Verführung Satans erfolgt] unter Entfaltung aller betrügerischen Kräfte, Zeichen und Wunder und aller Verführung der Ungerechtigkeit bei denen, die verlorengehen, weil sie die Liebe zur Wahrheit nicht angenommen haben, durch die sie hätten gerettet werden können. Darum wird ihnen Gott eine wirksame Kraft der Verführung senden, so dass sie der Lüge glauben, damit alle gerichtet werden, die der Wahrheit nicht geglaubt haben, sondern Wohlgefallen hatten an der Ungerechtigkeit." (2.Thess 2,9-12).

Wer an der Ungerechtigkeit Gefallen findet, hat keine Liebe zur Wahrheit – nur wer die Wahrheit in Liebe annimmt, wird vor aller Verführung bewahrt. Verführung ist sehr ernst. Was würden wir einem Bergführer antun, der die Touristen über einen Gletscher führte, wo diese in die Spalten fielen und starben? Wir würden ihn wohl zumindest wegen fahrlässiger Tötung anklagen – selbst wenn dem Recht so genüge getan würde, macht das die Toten jedoch nicht mehr lebendig. Verführung kann tödlich sein – in geistlichen Dingen kann sie ewiglich verdammen. Darum gilt es, die Liebe zur Wahrheit anzunehmen und zu pflegen. Wer das nicht tut, wird den folgenden Seiten nichts Positives abgewinnen können.

Möge Gott, der allmächtige Herr, die Augen unseres Verstandes erleuchten, damit wir Seine überschwängliche Liebe und Barmherzigkeit in aller Zurechtweisung erkennen mögen.

EINLEITUNG

Die Ökumene – wer darf schon dagegen reden? Wer darf sich gegen das Gebet Christi aussprechen, das Er am Vorabend seiner Kreuzigung zum Vater schickte? *„Ich bitte aber nicht für diese allein, sondern auch für die, welche durch ihr Wort an mich glauben werden, auf dass sie alle eins seien, gleichwie du, Vater, in mir und ich in dir; auf dass auch sie in uns eins seien, damit die Welt glaube, dass du mich gesandt hast."* (Joh 17,20-21).

Natürlich müssen wir daher für die Einheit der Christen sein und mit aller Kraft dafür eintreten. Dem steht jedoch einiges entgegen, vor allem der menschliche Eigenwille und Egoismus. Wir sind, besonders in der westlichen Hemisphäre, der Gemeinschaft entwöhnt. Ebenso wurde es uns durch die Philosophie des Neomarxismus (68er Generation) gründlich abtrainiert, uns irgendwo verbindlich einzufügen, unterzuordnen und zu gehorchen. Der christliche Glaube ist hierarchisch, und wer von der Ökumene schwärmt, muss bedenken, dass er eigene liebgewonnene Meinungen und Traditionen aufgeben, sich einfügen, unterordnen und gehorchen muss. Allen voran Christus selbst. Die Einheit, die Er meint, ist nämlich keine pluralistische Einheit. Im selben Gebet sagt Er auch, was dieser Einheit zugrunde liegt. Zwei Aspekte will ich besonders hervorheben: Wir sind nicht länger von dieser Welt, und wir müssen durch Sein Wort der Wahrheit geheiligt werden. Es geht also um eine sehr eng umrissene und abgegrenzte Einheit, in der Widersprüche nicht nebeneinander bestehen können.

„Sie sind nicht von der Welt, gleichwie auch ich nicht von der Welt bin." (Joh 17,16).

Christen werden eins, indem sie sich aus der Welt in Sein Reich sammeln lassen. Wer sich noch der Welt verbunden fühlt, hat diesen Aspekt des Evangeliums nicht verstanden. Es ist erstaunlich, wie wir sehen werden, welch breiten Raum dieses Thema im Neuen Testament einnimmt, und wie wenig darüber gepredigt wird.

„Heilige sie in deiner Wahrheit! Dein Wort ist Wahrheit." (Joh 17,17).

Die Einheit gründet auf Heiligung, d.h. Besserung und Veränderung des Lebens in das Bild Christi gemäß dem Wort Gottes. Es geht nicht bloß um Mitgliedschaft, sondern um einen Lebensstil. Christen haben ein Bewusstsein der Wahrheit, das unverhandelbar ist. Die *absolute* Wahrheit schließt aber jeden Pluralismus aus. Alles, was wir sagen, denken und meinen, muss daher im Einklang mit Gottes Wort sein. Darum ermahnt Paulus:

„Ich ermahne euch aber, ihr Brüder, kraft des Namens unseres Herrn Jesus Christus, dass ihr alle einmütig seid in eurem Reden und keine Spaltungen unter euch zulasst, sondern vollkommen zusammengefügt seid in derselben Gesinnung und in derselben Überzeugung." (1.Kor 1,10).

Es entspricht also nicht dem biblischen Verständnis der Einheit, verschiedene Meinungen zu Glaubensfragen gleichrangig nebeneinander stehen zu lassen. Das sollte uns stutzig machen: Wenn Katholiken, Evangelische oder Freikirchler zusammenfinden wollen, wer muss dann in Lehrfragen nachgeben?

Wahrscheinlich alle, doch sind manche Dogmen so hart und unflexibel formuliert, dass die Aufgabe des Dogmas einer Selbstaufgabe der Kirche gleichkommt. Das trifft besonders auf die katholische Kirche zu, die dogmatisch glaubt, dass das Lehramt der Kirche unfehlbar sei. Alle anderen sind per definitionem falsch. Unmissverständlich drückt es der Katechismus der Katholischen Kirche aus:

*„**2034** Der Papst und die Bischöfe sind „authentische, das heißt mit der Autorität Christi versehene Lehrer, die dem ihnen anvertrauten Volk den Glauben verkündigen, der geglaubt und auf die Sitten angewandt werden soll" (LG 25). Das universale ordentliche Lehramt des Papstes und der in Gemeinschaft mit ihm stehenden Bischöfe lehrt die Gläubigen die zu glaubende Wahrheit, die zu lebende Liebe und die zu erhoffende Seligkeit. **2035** Die höchste Stufe in der Teilhabe an der Autorität Christi wird durch das Charisma der Unfehlbarkeit gewährleistet. Diese reicht so weit wie das Vermächtnis der göttlichen Offenbarung [Vgl. LG 25.]. Sie erstreckt sich auf alle Elemente der Lehre einschließlich der Sittenlehre, ohne welche die Heilswahrheiten des Glaubens nicht bewahrt, dargelegt und beobachtet werden können [Vgl. CDF, Erkl. „Mysterium Ecclesiæ"]."* [1]

Solch ein Denken ist der evangelischen Kirche völlig fremd, sie lebt den aufgeklärten Pluralismus der Postmoderne. Einer ihrer Vertreter empfindet sogar das Glaubensbekenntnis als einen unzumutbaren Ballast:

„Der Superintendent im Ruhestand Herbert Koch (Garbsen) sagte, das Glaubensbekenntnis sei für ihn eine „fundamentalistische Zumutung" und ein wesentlicher Grund für die rückläufige

---

[1] http://www.vatican.va/archive/DEU0035/_P7A.HTM (31.5.2019)

*Teilnahme an Gottesdiensten. Höchstens zehn Prozent der evan-
gelischen Mitglieder glaubten an die Jungfrauengeburt und weniger
als jeder dritte Protestant, dass Jesus Gottes Sohn sei. Haupt-
schwierigkeit sei für ihn die „übernatürliche Biographie Jesu", so
Koch. Die Jungfrauengeburt sei „eine fromme spätere Legende",
zudem sei Jesus Analphabet gewesen. Auch rechne er nicht mit
der Wiederkunft Christi zum jüngsten Gericht. Koch: „Die Kirche rechnet sicher mit allerlei aber auf keinen Fall mit der Wiederkunft Christi." Was kirchliche Leiter wirklich verbinde, sei nicht
das Glaubensbekenntnis, sondern das Interesse, die Kirche zu
erhalten."* [2]

Freikirchler sprechen, nicht zuletzt aufgrund des durchaus häufig dermaßen zur Schau gestellten Unglaubens
der evangelischen und (seltener) der katholischen Kirche diesen in der Regel den Status Kirche zu sein ab.
Für sie geht es bei der Einheit um die Einheit der
wirklichen Gotteskinder, nicht bloß derer, die dem Namen nach Christen sind (Namenschristentum). Waren
für sie ökumenische Treffen anfangs noch Gelegenheit
zur Mission, so trat ein geistlicher Waffenstillstand an
die Stelle des verpönten Abwerbens (Proselytenmachen), und die gemischten Gefühle zur Ökumene
flauen zusehends ab. Eine gute Zusammenfassung
bietet dazu der Freikirchenatlas:

*„Die Haltung evangelikaler Freikirchen zur Ökumene ist nicht
einheitlich und hängt sehr davon ab, wie genau man den Begriff
definiert, und wer dabei den Ton angibt. So stehen manche Freikirchen dem Ökumenischen Rat der Kirchen eher misstrauisch
gegenüber, und zwar sowohl dem Weltrat (World Council of*

---

[2] http://www.kath.net/news/31704 (31.5.2019)

Churches, WCC), als auch den jeweiligen nationalen Organisationen (wie dem Ökumenischen Rat der Kirchen in Österreich (ÖRKÖ)), sind aber sehr wohl offen für Kontakte und auch Zusammenarbeit mit evangelikalen und konservativen Christen in der Evangelischen Kirche (die Evangelische Allianz umfasst Mitglieder sowohl aus der Evangelischen Kirche und den Freikirchen). Auch mit katholischen Erneuerungsbewegungen gibt es vielfältige Kontakte und gemeinsame Projekte. Vor allem auf Gebieten wie Lebensschutz, sowie Gesellschafts- und Schöpfungsverantwortung, wird die Möglichkeit der Zusammenarbeit mit anderen Kirchen durchaus gesehen und wahrgenommen.“ [3]

Wie soll das nun zusammengehen? Ist die Ökumene so betrachtet nicht eine reine Illusion? Für welche Art der Einheit betete der Herr Jesus? Für eine institutionell-formale, eine auf Einheit in allen Lehrfragen oder auf Basis des gemeinsamen Glaubens in der Kraft des Heiligen Geistes?

Ich will in der Folge einige Stolpersteine der Ökumene aufzeigen, die in den Gesprächen meist unter den Teppich gekehrt werden oder auch gar nicht bewusst, aber ganz wesentlich sind. Am Ende werde ich zusammenfassen, was die *einzige* Möglichkeit ist, dass die Christen wirklich eins werden. Es ist nicht unmöglich, aber … aber wer sind die Ansprechpersonen und Verhandlungspartner?

---

[3] https://freikirchenatlas.at/freikirchen-und-die-oekumene/ (31.5.2019)

Ansprechpartner

Die Frage mag banal klingen, aber wer ist eigentlich der Ansprechpartner in ökumenischen Gesprächen? Wenn man im Rahmen der großen Kirchen denkt, so gibt es dort hierarchische Strukturen, aber die Vollmacht, die den diversen Kirchenleitern (Papst, Kardinäle, Bischöfe, Landessuperintendenten) verliehen wird, ist sehr verschieden. Während die katholische Kirche sehr straff organisiert ist, was es Bischöfen nicht erlaubt, von der offiziellen Lehre abzuweichen, gibt es in der evangelischen Kirche de facto einen Lehrpluralismus, der eine konsequente Leitung und eine verbindliche ökumenische Gesprächsbasis unmöglich macht. Ganz im Ernst: Sollte ein katholischer Bischof eine evangelische Bischöfin als gleichrangige Amtskollegin wahrnehmen? Was würde er außerdem zu dieser Aussage der (mittlerweile pensionierten) Bischöfin Margot Käßmann sagen:

„Da bin ich ganz Theologin des 21. Jahrhunderts. Ich glaube, dass Maria eine junge Frau war, die Gott vollkommen vertraut hat. Aber dass sie im medizinischen Sinne Jungfrau war, das glaube ich nicht… Ich denke, dass Josef im biologischen Sinne der Vater Jesu war." [4]

Das ist in der evangelischen Kirche übrigens gar nicht unüblich, dass zentrale Inhalte des apostolischen Glaubensbekenntnisses in diplomatischer Sprache dermaßen

---

[4]

https://charismatismus.wordpress.com/2014/03/31/evangelische-kritik-margot-kasmann-leugnet-die-jungfrauliche-empfangnis-christi/ (31.5.2019)

verbogen interpretiert werden, dass man erst beim zweiten Mal zuhören merkt, dass es auf eine glatte Leugnung hinausläuft. Ich finde es seltsam, dass man sich bei solch allgemein bekannten Diskrepanzen überhaupt zu ökumenischen Gesprächen zusammensetzt.[5]

In der evangelischen Kirche ist es so, dass es niemanden gibt, der verbindlich für alle sprechen und entscheiden kann. Der Papst hat kein wirkliches Gegenüber. Bei den Freikirchen gibt es zahllose kleinere Bünde und Verbände und eine unüberschaubare Menge unabhängiger Gemeinden. Plattformen wie die Evangelische Allianz sind eher informell und haben auch keine Vollmacht für die Freikirchen, Bünde und Verbände verbindlich zu sprechen.

So gesehen scheitert Ökumene schon an dieser einfachen Voraussetzung: Es gibt keine allgemein anerkannten Verhandlungspartner. Damit scheitert aber der Weg zur institutionellen Einheit, also einer Ökumene, die alle Kirchen strukturell vereinen würde.

---

[5] pikantes Detail am Rande: in diesem Punkt wäre eine Ökumene zwischen Katholiken und Muslimen technisch naheliegender, denn gläubige Muslime wagen es nicht ihre Heilige Schrift den Koran zu leugnen, der auch die Jungfrauengeburt Marias bestätigt (Sure 21:91)

DIESES EVANGELIUM VOM REICH

Die Reformation spaltete sich im 16. Jahrhundert in der Frage der Rechtfertigung von der katholischen Kirche ab. Die Rechtfertigung des Sünders allein aus Glauben ist das zentrale evangelische Dogma, das alle protestantischen Kirchen verbindet; dieses „Sola Fide" ist das Credo evangelischer Rechtgläubigkeit. Ein Versuch, diesen Bruch zu kitten, machten der Lutherische Weltbund und die katholische Kirche mit der Gemeinsamen Erklärung zur Rechtfertigungslehre.[6]

„Die gegensätzliche Auslegung und Anwendung der biblischen Botschaft von der Rechtfertigung waren im 16. Jahrhundert ein Hauptgrund für die Spaltung der abendländischen Kirche, was sich auch in Lehrverurteilungen niedergeschlagen hat. Für die Überwindung der Kirchentrennung ist darum ein gemeinsames Verständnis der Rechtfertigung grundlegend und unverzichtbar." (2,13)

„Es ist unser gemeinsamer Glaube, dass die Rechtfertigung das Werk des dreieinigen Gottes ist. Der Vater hat seinen Sohn zum Heil der Sünder in die Welt gesandt. Die Menschwerdung, der Tod und die Auferstehung Christi sind Grund und Voraussetzung der Rechtfertigung. Daher bedeutet Rechtfertigung, dass Christus selbst unsere Gerechtigkeit ist, derer wir nach dem Willen des Vaters durch den Heiligen Geist teilhaftig werden. Gemeinsam bekennen wir: Allein aus Gnade im Glauben an die Heilstat Christi, nicht auf Grund unseres Verdienstes, werden

---

[6]

http://www.vatican.va/roman_curia/pontifical_councils/chrstuni/documents/rc_pc_chrstuni_doc_31101999_cath-luth-joint-declaration_ge.html (31.5.2019)

wir von Gott angenommen und empfangen den Heiligen Geist, der unsere Herzen erneuert und uns befähigt und aufruft zu guten Werken." (3,15)

„Gemeinsam sind wir der Überzeugung, dass die Botschaft von der Rechtfertigung uns in besonderer Weise auf die Mitte des neutestamentlichen Zeugnisses von Gottes Heilshandeln in Christus verweist: Sie sagt uns, dass wir Sünder unser neues Leben allein der vergebenden und neuschaffenden Barmherzigkeit Gottes verdanken, die wir uns nur schenken lassen und im Glauben empfangen, aber nie – in welcher Form auch immer verdienen können." (3,17)

Vielleicht fällt es uns auf: Wir bewegen uns hier auf der Ebene der „Bekenntnistexte", die sorgfältig biblisch formuliert werden. Oben haben wir aber gesehen, wie es um den *realen* Glauben an solche Bekenntnistexte steht. Wenn schon das Glaubensbekenntnis ohne innerkirchliche Konsequenzen (!) als *fundamentalistischer Ballast* bezeichnet werden darf, welchen Wert hat dann diese gemeinsame Erklärung in der Wirklichkeit?

Ich finde die zitierten Auszüge übrigens gut und biblisch, halte aber das Thema für einen Nebenschauplatz. So wichtig die Rechtfertigung an sich ist, ist sie im Evangelium doch nur Mittel zum Zweck. Das Evangelium, das der Herr Jesus predigte, hatte einen ganz anderen Schwerpunkt, nämlich das Königreich Gottes.

„Die Zeit ist erfüllt, und das Reich Gottes ist nahe. Tut Buße und glaubt an das Evangelium!" (Mk 1,15).

Das Reich Gottes wird nicht etwa in ferne, unbestimmte Zukunft verlegt, sondern als so unmittelbar nah verkündigt, dass jedermann aufgefordert ist, *sofort* sein Leben

zu überdenken und zu ändern. Denn mit der Königsherrschaft Gottes ist eine tatsächliche Herrschaft
gemeint, die die ganze Bibel wie ein roter Faden durchzieht. Ein paar Schriftstellen mögen dies illustrieren:

*„Nicht wird weichen von Juda der Fürst und von seinen Hüften
der Herrscher, bis das, was für ihn aufbewahrt ist, kommt, und
er selbst ist die Erwartung der Volksstämme." (Gen 49,10
LXX).*

Hier wird verheißen, dass aus dem Stamm Juda ein
Herrscher kommen würde, auf den alle Völker warten.

*„Ich bin ja von ihm eingesetzt als König auf Sion, seinem heiligen
Berg. Dabei mache ich die Anordnung des Herrn bekannt: Der
Herr sprach zu mir: Mein Sohn bist du; ich habe dich heute
gezeugt. Erbitte es von mir, und ich will dir Völkerschaften zu
deinem Erbe geben und zu deinem Besitz die Enden der Erde."
(Ps 2,6-8 LXX).*

Hier spricht der Messias selbst in den Psalmen. Diese
Prophezeiung bestätigt, dass Jesus der Sohn Gottes,
nicht von einem Menschen gezeugt wird, sondern von
Gott. Das ist eine Wahrheit, welche die meisten evangelischen Theologen so nicht mehr gelten lassen wollen.

*„Es wird in den letzten Tagen sichtbar sein der Berg des Herrn
und das Haus Gottes auf den Höhen der Berge, und er (jener
Berg) wird über den Hügeln erhöht werden; und alle Völkerschaften werden zu ihm kommen, und viele Völkerschaften
werden sich aufmachen und sagen: »Auf, lasst uns hinaufziehen
zum Berg des Herrn und zum Haus des Gottes Jakobs, dann
wird er uns seinen Weg verkünden, und wir werden auf ihm
gehen«; denn von Sion wird das Gesetz ausgehen und das Wort
des Herrn von Jerusalem. Und er wird zwischen den*

Völkerschaften richten und viel Volk zurechtweisen, und sie werden ihre Schwerter zu Pflugscharen umschmieden und ihre Speere zu Sicheln, und keine Völkerschaft wird mehr gegen eine andere Völkerschaft zum Schwert greifen, und sie werden gewiss nicht mehr lernen, Krieg zu führen." (Jes 2,2-4 LXX).

Hier wird der Charakter der Königsherrschaft Gottes deutlich, indem es eine Herrschaft des Friedens sein wird, wo das Gesetz Gottes beachtet werden wird. Gott wird alle Völker einladen, hinzuzukommen.

„Nun, Herr, entlässt du deinen Knecht in Frieden nach deinem Wort! Denn meine Augen haben dein Heil gesehen, das du vor allen Völkern bereitet hast, ein Licht zur Offenbarung für die Heiden und zur Verherrlichung deines Volkes Israel!" (Lk 1,29-32).

Diese Worte sagte der greise Simeon, der den neugeborenen Jesus im Tempel sehen durfte. Er zeigt damit eindrücklich, dass das Reich Gottes im Bewusstsein frommer Juden stets alle Völker umfassen würde. Erst dadurch kommt Israel zur Vollendung.

Das Kreuzesopfer Jesu muss im Licht des Reiches Gottes verstanden werden. Er starb nicht nur, um unsere Sünden zu sühnen (das auch), sondern um durch Sein Blut ein Lösegeld zu leisten, durch das Er sich ein Volk aus der Knechtschaft Satans und der Finsternis erkaufen würde.

„Er hat uns errettet aus der Herrschaft der Finsternis und hat uns versetzt in das Reich des Sohnes seiner Liebe, in dem wir die Erlösung haben durch sein Blut, die Vergebung der Sünden." (Kol 1,13-14).

Der Herr Jesus sagte, dass *dieses* Evangelium vom Reich allen Völkern gepredigt werden soll:

„Und dieses Evangelium vom Reich wird in der ganzen Welt verkündigt werden, zum Zeugnis für alle Heidenvölker, und dann wird das Ende kommen." (Mat 24,14).

Das taten die Apostel auch. Paulus fasst vor Agrippa zusammen, wie er das Evangelium predigte:

„(Der auferstandene Herr sagte in einer Erscheinung zu ihm) ich will dich erretten von dem Volk und den Heiden, unter die ich dich jetzt sende, um ihnen die Augen zu öffnen, damit sie sich bekehren von der Finsternis zum Licht und von der Herrschaft des Satans zu Gott, damit sie Vergebung der Sünden empfangen und ein Erbteil unter denen, die durch den Glauben an mich geheiligt sind! Daher, König Agrippa, bin ich der himmlischen Erscheinung nicht ungehorsam gewesen, sondern ich verkündigte zuerst denen in Damaskus und in Jerusalem und dann im ganzen Gebiet von Judäa und auch den Heiden, sie sollten Buße tun und sich zu Gott bekehren, indem sie Werke tun, die der Buße würdig sind." (Apg 26,17-20).

Nun ist etwas Dramatisches passiert. Luther, auf der Suche nach dem gnädigen Gott, fand im Römerbrief, dass der Sünder ohne Gesetzeswerke durch den Glauben gerechtfertigt würde. Daran klammerte sich sein geängstigtes Gewissen so sehr, dass er in Röm 3,28 noch ein „allein" einfügte, woraus der reformatorische Grundsatz „Sola Fide" begründet wurde. Was ist so dramatisch gewesen?

Dieses Sola Fide und die Fixierung auf den Römerbrief und die Rechtfertigungslehre machten ihn blind für das

Selbstzeugnis des Paulus über seine Verkündigung. Paulus forderte *Werke,* die der Buße würdig sind. Er sprach von einem Herrschaftswechsel, er predigte das Reich Gottes und die Abkehr von der Herrschaft Satans. Luthers Verständnis des Evangeliums greift zu kurz und brachte seine Lehre in Konflikt mit zahlreichen Stellen der Schrift. Jakobus sagte etwas, das ihn diese Schrift als „stroherne Epistel" verachten ließ. Jakobus widerspricht Luther nämlich direkt:

„So seht ihr nun, dass der Mensch durch Werke gerechtfertigt wird und nicht durch den Glauben allein." (Jak 2,24).

Darum hat Luther den Jakobusbrief in seiner Bibel weiter nach hinten gereiht. Seine Rechtfertigungslehre gründet ausschließlich auf den Briefen des Paulus und lässt die Evangelien völlig außer Acht. Dadurch entgeht ihm, welche Betonung das Evangelium auf das Reich Gottes legt und missversteht Paulus dahingehend, als drehe sich das Evangelium nur um die Rechtfertigung. Diese ist zwar wichtig, um in das Reich Gottes zu gelangen, aber sie ist eben nur Mittel zum Zweck. Zweck ist die Teilhabe an Seinem Reich und ein Leben in heiliger Treue gegenüber dem König Jesus.

Kommt all das wenigstens in der gemeinsamen Erklärung zur Rechtfertigung vor? Nein. Weder das Reich Gottes spielt darin eine Rolle, noch wird auf Jakobus Bezug genommen. Darum greift sie (neben anderen Mängeln) fundamental zu kurz. Wer Mittel und Zweck nicht unterscheidet, kann das Evangelium nur missverstehen. Luther hat das Mittel – die Rechtfertigung – zum Zweck erhoben und den Zweck aus den Augen verloren. Er predigte nicht das Evangelium, das der Herr und Seine Apostel predigten.

„Aber selbst wenn wir oder ein Engel vom Himmel euch etwas anderes als Evangelium verkündigen würden als das, was wir euch verkündigt haben, der sei verflucht! Wie wir es zuvor gesagt haben, so sage ich auch jetzt wiederum: Wenn jemand euch etwas anderes als Evangelium verkündigt als das, welches ihr empfangen habt, der sei verflucht! Rede ich denn jetzt Menschen oder Gott zuliebe? Oder suche ich Menschen zu gefallen? Wenn ich allerdings den Menschen noch gefällig wäre, so wäre ich nicht ein Knecht des Christus." (Gal 1,8-10).

Ob Paulus auch den Reformator mit diesen Worten verflucht hätte? Es ist jedenfalls keine Kleinigkeit, denn das Augsburger Bekenntnis definiert die wahre Kirche ja folgendermaßen:

„Es wird auch gelehrt, dass allezeit eine heilige, christliche Kirche sein und bleiben muss, die die Versammlung aller Gläubigen ist, bei denen das Evangelium rein gepredigt und die heiligen Sakramente laut dem Evangelium gereicht werden. Denn das genügt zur wahren Einheit der christlichen Kirche, dass das Evangelium einträchtig im reinen Verständnis gepredigt und die Sakramente dem göttlichen Wort gemäß gereicht werden." (CA 7).[7]

Wenn aber das Evangelium nicht rein gepredigt wird, ist die Evangelische Kirche dann noch Kirche? Scheidet sie dann nicht aus dem Ökumenischen Dialog aus?

Sieht es in der katholischen Kirche besser aus? Nein, auch dort hört man nicht das Evangelium vom Reich

---

[7] https://www.bayern-evangelisch.de/was-uns-traegt/das-augsburger-bekenntnis.php#tab12 (1.6.2019)

Gottes, sondern das vom Messopfer. Im Mittelpunkt steht dort die Eucharistie, von einem Herrschaftswechsel und dem Königtum Christi hört man in der Regel nichts.

Und bei den Freikirchen? Die erweisen sich als treue Nachfolger Luthers und predigen viel von der vermeintlich frei und bedingungslos geschenkten Gnade, aber nichts vom Reich Gottes.

Freilich muss man innerhalb dieser Gruppen noch differenzieren, denn neben der konfessionellen Spaltung der Christen gibt es noch eine Spaltung, die alle Konfessionen gleichermaßen durchzieht, ohne jedoch zu neuen Kirchengründungen zu führen: die Spaltung zwischen Konservativen und Liberalen. Während Konservative noch im Wesentlichen im Einklang mit den Bekenntnistexten predigen – in denen das Reich Gottes jedoch ebenso kaum vorkommt! – predigen Liberale in der Regel einen Allerweltshumanismus, der ein paar ethische Grundsätze des Neuen Testaments gelten lässt und ansonsten die Tagespolitik ins Zentrum rückt. Wir alle kennen wohl Pfarrer, deren Botschaft darauf hinausläuft: *„Jesus ist gekommen, um unser soziales Engagement zu stärken.“* [8] Dass solche Kirchen noch weniger Besucher anlocken als traditionalistische, leuchtet irgendwie ein. Das Reich Gottes wird aber nirgends als Evangelium gepredigt. Über die Vergebung der Sünden, die Rechtfertigung des Sünders, geht es nicht hinaus. Das ist zu wenig.

---

[8] So gehört in einer evangelischen Weihnachtspredigt in Wien.

So gesehen sind sich alle drei Gruppen gewissermaßen ähnlich, indem sie ähnlich weit weg von dem sind, was der Herr Jesus und seine Apostel als Evangelium gepredigt haben. Selbst wenn sie also auf ökumenischer Ebene zu einer Einheit kämen, wäre es doch nicht die Einheit, um die Christus gebetet hat.

DEIN WORT IST WAHRHEIT

Ein Hauptkriterium der Einheit, die der Herr Jesus meint, ist die Überzeugung, dass das Wort Gottes Wahrheit und damit letzte Autorität in allen Fragen des Glaubens und Lebens ist. Ich habe daher große Hochachtung vor Pius X., der 1910 von seinen Klerikern den „Antimodernisteneid" einforderte, in der Hoffnung, so das zersetzende Gift der modernen bibelkritischen Theologie abzuwehren:

„Ich, N.N., umfasse fest und nehme samt und sonders an, was vom irrtumslosen Lehramt der Kirche definiert, behauptet und erklärt wurde, vor allem diejenigen Lehrkapitel, die den Irrtümern dieser Zeit unmittelbar widerstreiten.

Erstens: Ich bekenne, dass Gott, der Ursprung und das Ziel aller Dinge, mit dem natürlichen Licht der Vernunft "durch das, was gemacht ist" (Röm 1,20), das heißt, durch die sichtbaren Werke der Schöpfung, als Ursache vermittels der Wirkungen sicher erkannt und sogar auch bewiesen werden kann.

Zweitens: Die äußeren Beweise der Offenbarung, das heißt, die göttlichen Taten, und zwar in erster Linie die Wunder und Weissagungen lasse ich gelten und anerkenne ich als ganz sichere Zeichen für den göttlichen Ursprung der christlichen Religion, und ich halte fest, dass ebendiese dem Verständnis aller Generationen und Menschen, auch dieser Zeit, bestens angemessen sind.

Drittens: Ebenso glaube ich mit festem Glauben, dass die Kirche, die Hüterin und Lehrerin des geoffenbarten Wortes, durch den wahren und geschichtlichen Christus selbst, als er bei uns lebte, unmittelbar und direkt eingesetzt und dass sie auf Petrus, den

Fürsten der apostolischen Hierarchie, und seine Nachfolger in Ewigkeit erbaut wurde.

Viertens: Ich nehme aufrichtig an, dass die Glaubenslehre von den Aposteln durch die rechtgläubigen Väter in demselben Sinn und in immer derselben Bedeutung bis auf uns überliefert wurde und deshalb verwerfe ich völlig die häretische Erdichtung von einer Entwicklung der Glaubenslehren,[9] die von einem Sinn in einen anderen übergehen, der von dem verschieden ist, den die Kirche früher festhielt; und ebenso verurteile ich jeglichen Irrtum, durch den an die Stelle der göttlichen Hinterlassenschaft, die der Braut Christi überantwortet ist und von ihr treu gehütet werden soll, eine philosophische Erfindung oder eine Schöpfung des menschlichen Bewusstseins setzt, das durch das Bemühen der Menschen allmählich ausgeformt wurde und künftighin in unbegrenztem Fortschritt zu vervollkommnen ist.

Fünftens: Ich halte ganz sicher fest und bekenne aufrichtig, dass der Glaube kein blindes Gefühl der Religion ist, das unter dem Drang des Herzens und der Neigung eines sittlich geformten Willens aus den Winkeln des Unterbewusstseins hervorbricht, sondern die wahre Zustimmung des Verstandes zu der von außen aufgrund des Hörens empfangenen Wahrheit, durch die wir nämlich wegen der Autorität des höchst wahrhaftigen Gottes glauben, dass wahr ist, was vom persönlichen Gott, unserem Schöpfer und Herrn, gesagt, bezeugt und geoffenbart wurde.

---

[9] Auch die Entwicklung von Glaubenslehren wird verworfen. Das finde ich spannend, weil ja gerade die Lehre vom Fegefeuer über Jahrhunderte entwickelt wurde und das auch offen so formuliert und kommuniziert wird in der katholischen Kirche: https://www.erzdioezese-wien.at/site/nachrichtenmagazin/magazin/kleineskirchenlexikon/article/44242.html (15.6.2019). (Anm. Michael Eichhorn)

Ich unterwerfe mich auch mit der gehörigen Ehrfurcht und schließe mich aus ganzem Herzen allen Verurteilungen, Erklärungen und Vorschriften an, die in der Enzyklika "Pascendi" und im Dekret "Lamentabili" enthalten sind, vor allem in bezug auf die sogenannte Dogmengeschichte. Ebenso verwerfe ich den Irrtum derer, die behaupten, der von der Kirche vorgelegte Glaube könne der Geschichte widerstreiten, und die katholischen Glaubenslehren könnten in dem Sinne, in dem sie jetzt verstanden werden, nicht mit den wahren Ursprüngen der christlichen Religion vereinbart werden.

Ich verurteile und verwerfe auch die Auffassung derer, die sagen, der gebildetere christliche Mensch spiele eine doppelte Rolle, zum einen die des Gläubigen, zum anderen die des Historikers, so als ob es dem Historiker erlaubt wäre, das festzuhalten, was dem Glauben des Gläubigen widerspricht, oder Prämissen aufzustellen, aus denen folgt, dass die Glaubenslehren entweder falsch oder zweifelhaft sind, sofern diese nur nicht direkt geleugnet werden.

Ich verwerfe ebenso diejenige Methode, die heilige Schrift zu beurteilen und auszulegen, die sich unter Hintanstellung der Überlieferung der Kirche, der Analogie des Glaubens und der Normen des Apostolischen Stuhles den Erdichtungen der Rationalisten anschließt und - nicht weniger frech als leichtfertig - die Textkritik als einzige und höchste Regel anerkennt.

Außerdem verwerfe ich die Auffassung jener, die behaupten, ein Lehrer, der eine theologische historische Disziplin lehrt oder über diese Dinge schreibt, müsse zunächst die vorgefasste Meinung vom übernatürlichen Ursprung der katholischen Überlieferung oder von der von Gott verheißenen Hilfe zur fortdauernden Bewahrung einer jeden geoffenbarten Wahrheit ablegen; danach müsse er die Schriften der einzelnen Väter unter Ausschluss jedweder heiligen

Autorität allein nach Prinzipien der Wissenschaft und mit derselben Freiheit des Urteils auslegen, mit der alle weltlichen Urkunden erforscht zu werden pflegen.

Ganz allgemein schließlich erkläre ich mich als dem Irrtum völlig fernstehend, in dem die Modernisten behaupten, der heiligen Überlieferung wohne nichts Göttliches inne, oder, was weit schlimmer ist, dies in pantheistischem Sinne gelten lassen, so dass nichts mehr übrig bleibt als die bloße und einfache Tatsache, die mit den allgemeinen Tatsachen der Geschichte gleichzustellen ist, dass nämlich Menschen durch ihren Fleiß, ihre Geschicklichkeit und ihren Geist die von Christus und seinen Aposteln angefangene Lehre durch die nachfolgenden Generationen hindurch fortgesetzt haben.

Daher halte ich unerschütterlich fest und werde bis zum letzten Lebenshauch den Glauben der Väter von der sicheren Gnadengabe der Wahrheit festhalten, die in "der Nachfolge des Bischofsamtes seit den Aposteln" ist, war und immer sein wird; nicht damit das festgehalten werde, was gemäß der jeweiligen Kultur einer jeden Zeit besser und geeigneter scheinen könnte, sondern damit die von Anfang an durch die Apostel verkündete unbedingte und unveränderliche Wahrheit „niemals anders geglaubt, niemals anders" verstanden werde.

Ich gelobe, dass ich dies alles treu, unversehrt und aufrichtig beachten und unverletzlich bewahren werde, indem ich bei keiner Gelegenheit, weder in der Lehre noch in irgendeiner mündlichen oder schriftlichen Form, davon abweiche. So gelobe ich, so schwöre ich, so wahr mir Gott helfe und diese heiligen Evangelien Gottes." [10]

Zusammengefasst:

---

[10] http://kathpedia.com/index.php/Antimodernisteneid (1.6.2019)

- Gottes Schöpfung beweist die Existenz Gottes.
- Die Zeichen und Wunder beweisen den göttlichen Ursprung der christlichen Religion.
- Die Kirche hat das Wort Gottes (fehler- und irrtumsfrei) bewahrt.
- Der christliche Glaube ist nicht das Ergebnis einer religionsgeschichtlichen Entwicklung, sondern Offenbarung, deren Bedeutung sich nie ändern wird.
- Der Glaube ist kein religiöses Gefühl sondern die verstandesmäßige Zustimmung zur Botschaft des Evangeliums.
- Alle Dogmen der Kirche werden ohne Wenn und Aber anerkannt.
- Es darf keine Aufspaltung der theologischen Wissenschaft in eine säkulare Geschichtswissenschaft und eine fromme Glaubenslehre, die einander widerstreiten, geben. Gemeint ist die historisch-kritische Methode.
- Verworfen wird auch die Idee, dass der Rationalismus und die Textkritik über der Lehre der Kirche stehen dürfen.
- Geistliche Literatur darf nicht nach weltlichen Maßstäben beurteilt und ausgelegt werden.
- Die christliche Lehre ändert sich nicht.[11]

---

[11] den Punkt fand ich am erstaunlichsten, weil er ja dem Wesen der katholischen Lehre völlig entgegengesetzt ist. Die katholische Lehre ist ja in der Praxis auch eine „Offenbarungslehre", die offen ist für neue Offenbarungen. Deswegen werden Marienerscheinungen, Wunder, u.a. als „Offenbarungen" verstanden, die laufend die Lehre weiter entwickeln. Glänzendes

Man sieht in diesem Antimodernisteneid zwar auch das unfehlbare Lehramt und das ganze schillernde Dogmengebäude, welche die christliche Lehre de facto dramatisch verändert haben, doch sind hier Aussagen und Feststellungen enthalten, welche auch dem Protestantischen Fundamentalismus zu eigen sind, der in etwa zur selben Zeit (1910-1915), Fünf fundamentale Grundsätze formulierte (Five Fundamentals), von denen sich der (mittlerweile zum Schimpfwort herabgesunkene) Begriff „Fundamentalisten" herleitet.

- *„Die Irtumslosigkeit der Bibel.*
- *Die wörtliche Bedeutung der biblischen Berichte, besonders was die Wunder Chrisi und den Schöpfungsbericht der Genesis betrifft.*
- *Die jungfräuliche Geburt Christi.*
- *Die körperliche Auferstehung und körperliche Wiederkunft Christi.*
- *Das stellvertretende Opfer Christi am Kreuz."* [12]

Hinter diesen Thesen steht eine zwölfbändige Sammlung theologischer Aufsätze, die sich ausführlich von demselben modernistischen Geist abgrenzen, der Pius X. zum Antimodernisteneid veranlasste. Evangelikale und Katholiken antworteten der liberalen bibelkritischen Ideologie (Theologie mag ich es nicht nennen)

Beispiel ist hier ja das Fegefeuer, das sich genauso über Jahrhunderte entwickelte und dann per Dogma fixiert wurde. Oder auch die Mariendogmen. Sie kamen allein durch „Offenbarungen" zustande, aber nicht durch eine unveränderbare Überlieferung! (Anm. Michael Eichhorn)

[12] https://en.wikipedia.org/wiki/Christian_fundamentalism#The_Fu ndamentals_and_modernism (1.6.2019)

gewissermaßen mit einer Stimme, ohne voneinander Kenntnis zu nehmen.

Woher kam der liberale Modernismus? Er entstand 1774-1778 mit der Veröffentlichung der bibelkritischen Wolfenbütteler Fragmente durch Gotthold Ephraim Lessing. Verfasser war Heinrich Samuel Reimarus, der eine „Schutzschrift für die vernünftigen Verehrer Gottes" verfasste, worin er sich für eine „natürliche" Religion gegen den traditionellen Offenbarungsglauben aussprach. Lessing, der selbst einem strengen Pastorenhaus entstammte, stieß in dasselbe Horn und meinte, eine Offenbarung mache träge; nur das, was man sich selbst mit Fleiß erarbeitet hätte, wäre von Wert und bewahre vor dem Hochmut, sich im Besitz der Wahrheit zu wähnen. Legendär sind die Worte, mit denen er Gottes Offenbarung zurückweist und letztlich den immerwährenden Irrtum wählt, an dem die Philosophie bis heute krankt und scheitert.

„Wenn Gott in seiner Rechten alle Wahrheit und in seiner Linken den einzigen immer regen Trieb nach Wahrheit, obschon mit dem Zusatze, mich immer und ewig zu irren, verschlossen hielte und spräche zu mir: "Wähle!" ich fiele ihm in Demuth in seine Linke und sagte: "Vater gieb! die reine Wahrheit ist ja doch nur für dich allein!" [13]

Die Geschichte der liberalen Theologie über Spinoza (noch im 17. Jahrhundert), Reimarus, Lessing, Semler, Schleiermacher, Wellhausen, Tröltsch, Harnack u.v.a. nachzuzeichnen sprengt den Rahmen. Im Letzten ist es entweder als Kapitulation der evangelischen Theologie

---

[13] https://www.aphorismen.de/zitat/147159 (1.6.2019)

(denn dort nahm es den Anfang und wird es bis heute so gelehrt) vor dem aufklärerischen Zeitgeist oder sogar als eine von den Evangelischen willkommen geheißene Anpassung an die Moderne zu sehen. In den sehr konkret formulierten Abgrenzungen des Anitmodernisteneids sehen wir hinlänglich, was die Hauptthesen der Modernisten waren und bis heute auch sind.

Dass der evangelische Superintendent Herbert Koch oder die evangelische Bischöfin Margot Käßmann innerhalb ihrer Kirche unwidersprochen die zentralen Inhalte des Glaubensbekenntnisses bestreiten dürfen, hat seine Ursache darin, dass diese bereits in den theologischen Ausbildungsstätten bestritten werden und nur mehr von einer verschwindend kleinen Minderheit innerhalb der evangelischen Kirche geglaubt werden.

Wie wirkungsvoll waren der Antimodernisteneid und die Five Fundamentals? Mit dem Zweiten Vatikanischen Konzil, das unter dem Motto „Aggiornamento" (Aktualisierung) stand, wurde der Versuch unternommen, die katholische Kirche und ihre Lehre an die Verhältnisse der Moderne anzupassen – womit auch der Antimodernisteneid aufgegeben wurde. Nicht nur, dass sich ein Flügel unter Bischof Lefebvre damals unter Protest abspaltete, scheint die katholische Kirche bis heute wie gelähmt, weil niemand so recht zu wissen scheint, wie weit man mit dieser Anpassung im Sinne des Konzils gehen soll. Die Kirche ist heute intern zwischen Traditionalisten und Modernisten gespalten, und zwischen diesen scheint es keine Einheit geben zu können, obwohl sie sich noch unter demselben Dach der einen katholischen Kirche und unter der Autorität des Papstes befinden.

Auch in der evangelischen Kirche gab es aufgrund des Modernismus Spaltungen. Die Selbstständig Evangelische Kirche (SELK) in Deutschland oder die Missouri Synod in den USA sind Beispiele, dass keineswegs alle den modernistischen Weg der Landeskirchen teilen. Intern ist die Evangelische Kirche ebenso gespalten wie die Katholische; in Baden Württemberg etwa und auch in Oberösterreich gibt es starke pietistische Flügel, also mehr oder weniger bibeltreue, auf den persönlichen Glauben wertlegende Gemeinden und Pfarrer; die oberste Kirchenführung bleibt aber aufgrund der Mehrheitsverhältnisse in den Synoden liberal modernistisch. So steht der niederösterreichischen Diözese mit Lars Müller-Marienburg ein offen homosexueller Superintendent vor. Dieser will sich für die Ökumene in breitestdenkbarer Form einsetzen:

„In seiner Diözese will er sich für Vielfalt einsetzen - dazu gehört auch eine lebendige Ökumene. Dabei soll es nicht nur Austausch mit Katholiken geben, Müller-Marienburg will verstärkt Kontakt zu orthodoxen Christen und Muslimen suchen." [14]

Zum ökumenischen Dialog gehört auch, dass man vom Gegenüber respektiert wird. Wie will ein Katholik oder gar ein Muslim einen homosexuellen Superintendenten denn ernst nehmen? Ist seine sexuelle Orientierung nicht geradezu eine Zumutung für jeden ernsthaft religiösen, konservativen Dialogpartner? Nach der Scharia[15] wäre er des Todes! Ein bisschen mehr Realismus ist hier schon angebracht.

---

[14] https://religion.orf.at/stories/2802193/ (1.6.2019)
[15] Islamische Rechtsordnung

Ich will nicht missverstanden werden: *Jeder soll bitteschön glauben was er will und leben wie er will.* Doch es ist unredlich und ein Etikettenschwindel, wenn man wie ein Agnostiker glaubt und doch ein Pfarrer sein will, oder gegen die heterosexuelle Schöpfung lebt und dennoch als Christ ernstgenommen werden will. Man kann ja auch nicht in einen Tischtennisverein eintreten, um Fußball zu spielen, und dann eigenmächtig die Regeln abändern, nach denen weltweit Turniere abgehalten werden. Sehen wir es? In allen Sportvereinen ist es möglich, sich weltweit an dieselben Regeln zu halten und nach denselben Regeln Wettbewerbe zu veranstalten. In den christlichen Kirchen aber, wo es um das ewige Heil oder Unheil von Seelen geht, soll der Heilsweg des Evangeliums nach Belieben geglaubt, verändert, angepasst oder verworfen werden dürfen? Das kann doch nicht ernst gemeint sein!

Bei den Freikirchen ist es nur bedingt besser. Mit einigen Jahrzehnten Verzögerung schleichen sich auch da bibelkritische Auslegungsmuster in die Ausbildungsstätten. Das Bestreben, wissenschaftlich akkreditierte Abschlüsse bieten zu können, *zwingt* sogar auf dem Parkett mitzutanzen, wo die Humanisten und Modernisierer den Takt angeben. Da Widerstand auf Dauer mühsam ist, brechen auch hier die Überzeugungen schrittweise zusammen, und die Freikirchen sind wie alle anderen Konfessionen in liberale und konservative Flügel gespalten, die einander mit großem Argwohn und Distanz begegnen – und da will man dann von der Ökumene träumen?

Wenn man sich nicht auf das Wort Gottes als gültigen Maßstab einigen kann, dann hat kein ökumenisches Gespräch eine verbindliche Basis mehr. Sie verkommen zu einer Farce, wo man sich zwar höflich auf Augenhöhe begegnet, aber letztlich weder das Wort noch das Gegenüber wirklich ernst nimmt. Das geht vielleicht als gefällige Diplomatie, also professionelle Heuchelei, durch. Mit der Liebe zur Wahrheit ist das jedoch unvereinbar.

Das Christentum verliert vor allem dort an Glaubwürdigkeit, wo ihre Vertreter sich des Wortes Gottes zu schämen beginnen und Skeptikern keine fundierten Antworten mehr zu geben in der Lage sind. Die Vernachlässigung der Apologetik in der letzten Generation hat uns all das verlieren lassen, wofür unsere Väter 1910-1915 noch klare Worte gefunden haben.

Lesen wir noch ein paar Schriftworte zur Bedeutung der Bibel für die Einheit der Christen:

„Und Jesus trat herzu, redete mit ihnen und sprach: Mir ist gegeben alle Macht im Himmel und auf Erden. So geht nun hin und macht zu Jüngern alle Völker, und tauft sie auf den Namen des Vaters und des Sohnes und des Heiligen Geistes und lehrt sie alles halten, was ich euch befohlen habe. Und siehe, ich bin bei euch alle Tage bis an das Ende der Weltzeit! Amen." (Mat 28,18-20).

Der Missionsbefehl geht von dem aus, der **alle Macht** hat, um **alle Völker** zu Jünger zu machen, indem diese (die dem Evangelium glauben und Jünger werden aus allen Völkern) getauft und gelehrt werden, **alles zu befolgen, was Er geboten hat.** Und das gilt **alle Tage** bis zum Ende. Der Auftrag schießt aus, dass es kulturelle Zugeständnisse und Anpassungen geben könne, oder dass mit der Zeit gewisse Lehren obsolet oder aktualisiert würden, wie die Modernisten das behaupten.

„Geliebte, da es mir ein großes Anliegen ist, euch von dem gemeinsamen Heil zu schreiben, hielt ich es für notwendig, euch mit der Ermahnung zu schreiben, dass ihr für den Glauben kämpft, der **den Heiligen ein für allemal** *überliefert worden ist."* (Jud 1,3).

Wenn wird das gemeinsame Heil festhalten wollen, müssen wir auch den Glauben (und die Glaubenslehre) so bewahren, wie sie ursprünglich übermittelt wurde. Verlieren wir die ein für alle Mal überlieferte Lehre, verlieren wir auch das Heil. Das hat mit Kampf zu tun, weil die gesunde Lehre stets angefochten wird:

„Daher bezeuge ich dir ernstlich vor dem Angesicht Gottes und des Herrn Jesus Christus, der Lebendige und Tote richten wird, um seiner Erscheinung und seines Reiches willen: Verkündige das Wort, tritt dafür ein, es sei gelegen oder ungelegen; überführe, tadle, ermahne mit aller Langmut und Belehrung! Denn es wird eine Zeit kommen, da werden sie die gesunde Lehre nicht ertragen, sondern sich selbst nach ihren eigenen Lüsten Lehrer beschaffen, weil sie empfindliche Ohren haben; und sie werden ihre Ohren von der Wahrheit abwenden und sich den Legenden zuwenden. Du aber bleibe nüchtern in allen Dingen, erdulde die Widrigkeiten, tue das Werk eines Evangelisten, richte deinen Dienst völlig aus!" (2.Tim 4,1-5).

Es ist unpopulär, von Irrlehrern zu sprechen und diese öffentlich zu machen und zu brandmarken, doch diese sind es ja, die die Einheit zerstören. Niemand, der sich ernsthaft für Einheit ausspricht, darf zulassen, dass

Menschen am Tisch sitzen, denen es nicht um Gottes Wort, sondern um ihre eigenen Meinungen geht. Diese sind ein Ärgernis, schreibt Paulus:

„Ich ermahne euch aber, ihr Brüder: Gebt acht auf die, welche Trennungen und Ärgernisse bewirken im Widerspruch zu der Lehre, die ihr gelernt habt, und meidet sie! Denn solche dienen nicht unserem Herrn Jesus Christus, sondern ihrem eigenen Bauch, und durch wohlklingende Reden und schöne Worte verführen sie die Herzen der Arglosen." (Röm 16,17-18).

Viele sind arglos, sie vermuten nichts Böses, wenn jemand sich als Christ bekennt und glauben unvoreingenommen jedem Wolf, der im Schafspelz kommt. So gut diese kindliche Gesinnung scheinen mag, so gefährlich ist sie auch. Jeder Christ sollte Wortstreit verabscheuen. Aber noch viel mehr sollten wir die Wölfe verabscheuen, die die Herde nicht schonen.

Darum ist der Kampf um das Wort Gottes eine *zentrale* Aufgabe dieser Tage, und damit stellt sich jeder, der das ernst nimmt, gegen die Liberalen in den eigenen Reihen und gegen die vom Liberalismus völlig durchdrungenen Kirchen. Solange nicht zugestanden wird, dass wir durch das Wort der Wahrheit geheilt und eins werden, nach dem Gebet Christi, wird es keine Einheit geben.

WELCHES WORT IST DIE WAHRHEIT?

Vielleicht ist das eine Detailfrage, aber sie ist nicht ganz unwesentlich. Wenn der Herr Jesus betete „Dein Wort ist Wahrheit", welches meinte er denn? Etwa die Luther Übersetzung? Es gibt heute tatsächlich – ich kann sie nicht anders nennen – Sonderlinge, die die Lutherbibel von 1545 als die einzig wahre Bibel ansehen. Ganz offensichtlich folgen sie darin einer Reihe amerikanischer Christen, welche nur die King James Bibel gelten lassen wollen. Was steckt dahinter?

Zum Teil ist das wohl eine romantische Sehnsucht. Die Bibel hat zur Reformationszeit zu einem gewaltigen geistlichen Aufwachen geführt, und genau das wünscht man sich auch für heute. Anstatt diese Wirkung der Bibel *an sich* zuzuschreiben, schreiben sie es diesen speziellen Bibel*übersetzungen* zu. Sie beklagen sich, dass unsere heutigen Bibeln viele wichtige Stellen auslassen (etwa 1.Joh 5,7 oder Apg 8,37) und schreiben dies den modernen Übersetzungen zu. Das ist aber nicht der Grund.

Luther sowie alle anderen Bibelübersetzer übersetzten das Neuen Testament nach dem sogenannten Textus Receptus (überlieferter Text), der von Erasmus von Rotterdam kurz vor Beginn der Reformation herausgegeben wurde. Dazu verwendete er rund ein Dutzend Manuskripte aus dem Mittelalter. Als man im 19. Jahrhundert Bibelhandschriften fand, die bedeutend älter waren, überlegten einige – nicht ganz unlogisch – ob man die Bibel nicht nach den ältesten Handschriften übersetzen sollte. Dabei ging es vor allem um den Codex Sinaiticus, den Konrad von Tischendorf im Kloster beim Berg Sinai fand (und mitgehen ließ) und den Codex Vaticanus. Beide stammen aus dem 4. Jahrhundertund sind so *bedeutend* älter als der von Erasmus veröffentlichte Text. Allerdings unterscheiden sich die beiden Codices allein in den Evangelien an 3.000 Stellen. Es musste also ermittelt werden, welche Lesart jeweils die wahrscheinlichste war. Aufgrund dieser *textkritischen* Arbeit, nennt man das Ergebnis den kritischen Text. Dieser wird von Nestle-Aland mittlerweile in der 29. Auflage herausgegeben, jedes Mal mit Änderungen aufgrund neuer Papyrusfunde und anderer Überlegungen.

Dem kritischen Text liegt die Prämisse zugrunde: je älter desto zuverlässiger. Was selten gesagt wird, ist, dass der kritische Text im wesentlichen auf zwei bis fünf Textzeugen beruht, die sehr uneinheitlich sind, gegenüber 5.500 relativ homogenen Textzeugen, die den Mehrheitstext bzw. den byzantinischen Text bilden. Zu diesem gehört der Textus Receptus.

Der kritische Text stand daher von Beginn an unter Kritik – zurecht, wie ich meine. Besonders, da es ungläubige Theologen waren, die diesen erstellten. Da stellt sich nämlich ganz ernst die Frage, ob man säkular gesinnten Wissenschaftlern zutrauen darf, geistlich richtig mit Gottes Wort umzugehen. Leider hat sich der kritische Text weitgehend durchgesetzt – ich verwende hier für das Neue Testament die Schlachter 2000, deren Herausgabe ein mutiger Schritt gegen den Strom war, da sie ganz bewusst wieder den Textus Receptus als Grundlage wählte.

Wenn wir also davon reden, dass das Wort Gottes, das uns heiligen soll, die Wahrheit ist, so muss man auch die Frage stellen, welche Fassung es sein soll. Es macht einen Unterschied in der Auslegung; doch weit mehr noch sollten uns die Unterschiede im Alten Testament betroffen machen. Hier wurde seitens der Protestanten alles verworfen, was nicht im hebräischen Kanon der talmudischen Juden enthalten ist. Die Überlegung dahinter ist folgende:

Den Juden als Volk Gottes war das Wort Gottes anvertraut, folglich sollen wir es auch von ihnen übernehmen. Was sie nicht anerkannt haben, das dürfen wir auch nicht anerkennen. So folgen die Protestanten heute dem jüdischen Kanon ohne Apokryphen (bzw. deuterokanonische oder Spätschriften) – obwohl Martin Luther und die Übersetzer der King James Bibel sie noch übersetzt haben.

Die Logik ist zwar bestechend, aber uninformiert. Es wird übersehen, dass das Judentum keineswegs einheitlich war. Es war in mehrere Fraktionen unterteilt: die Sadduzäer, die Pharisäer, die Essener, die Zeloten, die hellenistisch geprägten Juden der Diaspora und Galiläas. Wir wissen, dass die Sadduzäer nur die Thora, die fünf Bücher Mose akzeptierten. Die Pharisäer hatten den Kanon, den die Protestanten auch haben. Die Bibliothek des Essener gibt einen Einblick in die Schriften, welche diese Gemeinschaft anerkannten. Da findet sich auch das Buch Henoch, welches im Judasbrief zitiert wird (Jud 1,14). Die griechischsprachigen Juden verwendeten die Septuaginta (LXX) mit den späteren Schriften (Weisheit, Sirach, Judith, Tobith, Makkabäerbücher …).

So wie es *die* Juden nicht gab, gab es auch *den* jüdischen Kanon nicht. Wichtig ist daher, zu ergründen, welche Bibel der Herr Jesus und die Apostel lasen und gebrauchten. Es gibt, nachdem die Forschung in den letzten Jahrzehnten sich dieses Themas angenommen hat, keine Zweifel: es war die LXX. Ein Vergleich der Zitate des Alten Testaments im Neuen belegt eindeutig, dass alle Apostel die LXX gebrauchten; der Herr selbst las in Galiläa offenbar aus der LXX:

„Der Geist des Herrn ist auf mir, weil er mich gesalbt hat, den Armen frohe Botschaft zu verkünden; er hat mich gesandt, zu heilen, die zerbrochenen Herzens sind, Gefangenen Befreiung zu verkünden **und den Blinden, dass sie wieder sehend werden,** *Zerschlagene in Freiheit zu setzen, um zu verkündigen das angenehme Jahr des Herrn.“* (Lk 4,18-19 – Schriftlesung in der Synagoge von Nazareth).

„Der Geist des Herrn, des Herrschers, ist auf mir, weil der Herr mich gesalbt hat, den Armen frohe Botschaft zu verkünden; er hat mich gesandt, zu verbinden, die zerbrochenen Herzens sind, den Gefangenen Befreiung zu verkünden und Öffnung des Kerkers den Gebundenen, um zu verkündigen das angenehme Jahr des Herrn.“ (Jes 61,1-2 nach der SCH2000, die dem hebräischen Text folgt).

„Der Geist des Herrn ist auf mir, weil er mich gesalbt hat; um frohe Botschaft den Armen zu bringen, hat er mich abgesandt, um die zu heilen, die zerbrochenen Herzens sind, um den Gefangenen Freilassung zu verkünden und **den Blinden neue Sehkraft,** *um auszurufen ein willkommenes Jahr des Herrn.“* (Jes 61,1-2 LXX).

Dass den Blinden die Augen geöffnet wurden ist ein wesentliches Zeichen Seines Dienstes gewesen. In der

LXX wird es vorausgesagt, nicht aber in dem von den Pharisäern tradierten masoretischen hebräischen Text. Das ist nur eines von wirklich vielen Beispielen. Die revidierte Elberfelder Bibel bietet im Alten Testament 777 Fußnoten, wo die LXX vom Masoretentext abweicht. Ich habe die Stellen im ersten Buch Mose durchgesehen und festgestellt, dass die LXX in aller Regel den besseren Sinn bietet. Meine Studie zu diesem Thema umfasst mehr als 500 Seiten, und ich wurde – teils widerwillig, teils mit großer Neugierde – zur LXX „bekehrt". Damit, und das ist auch interessant, habe ich eine interessante Gesprächsbasis mit orthodoxen Christen gefunden, für die die LXX selbstverständlich ist, weil sie nie davon abgewichen sind. Hier im Westen hat jedoch bereits Hieronymus bei seiner lateinischen Übersetzung (der Vulgata) den masoretischen Text bevorzugt und nur die Spätschriften aus der LXX übernommen. Luther und die anderen Reformatoren nach ihm sind dem Trugschluss gefolgt, nur der jüdische Kanon (der der pharisäische ist) sei verbindlich. Hatten sie die Spätschriften zwar übersetzt und zur Lektüre als nützlich empfohlen, greifen Protestanten diese Bücher in der Regel nicht an und betrachten sie geradezu als giftig. Aber es ist klar, an welche Bibel Paulus dachte, als er über ihren Gebrauch in der Familie des Timotheus in der Diaspora Kleinasiens schrieb:

*„Du aber bleibe in dem, was du gelernt hast und was dir zur Gewissheit geworden ist, da du weißt, von wem du es gelernt hast, und weil du von Kindheit an die heiligen Schriften kennst, welche die Kraft haben, dich weise zu machen zur Errettung durch den Glauben, der in Christus Jesus ist. **Alle Schrift** ist von Gott eingegeben und nützlich zur Belehrung, zur Überführung, zur*

Zurechtweisung, zur Erziehung in der Gerechtigkeit, damit der Mensch Gottes ganz zubereitet sei, zu jedem guten Werk völlig ausgerüstet." (2.Tim 3,14-17).

Natürlich meinte er die LXX mit allem drum und dran.

Also müsste für die Protestanten die unangenehme Frage nach dem alttestamentlichen Kanon neu aufgerollt werden. Doch nach Jahrhunderten der Verachtung über diese Bücher sich diesen objektiv zu stellen und sich einzugestehen: „Eventuell haben wir uns da gewaltig vertan!", ist schwer, weil es Demut erfordert. Und diese geht allen Beteiligten im ökumenischen Dialog ab.

Hinzu kommt, dass in der Praxis die Evangelischen und auch die Freikirchler das Alte Testament ob mit oder ohne Apokryphen (wie sie die Spätschriften abwertend nennen) ohnedies kaum lesen. Das aber war die Bibel des Herrn und Seiner Apostel! Wie sie sich mit einer solchen Geringschätzung der *ganzen* Bibel (*alle* Schrift!) als Jünger Jesu bezeichnen können, ist daher nicht ganz nachvollziehbar.

Doch auch bei den Katholiken fehlt es an Demut, um eigene Fehler einzugestehen. Können wir uns etwa vorstellen, dass die Katholiken sagen: „Eventuell haben wir da mit dem Papsttum über das Ziel hinausgeschossen. Das ist eigentlich nicht das, was der Herr Jesus wollte."

Oder ist es denkbar, dass die liberalen Theologen aller Konfessionen zurück zur Bibeltreue finden und sagen: „Also das mit dem Humanismus und Rationalismus – die ganze Bibelkritisiererei! Was haben wir uns dabei nur gedacht? Das war ja völlig daneben!"

Ist es andererseits zu erwarten, dass Pietisten und Evangelikale tatsächlich zur Einsicht kommen und bekennen: „Also, da waren wir wirklich blind mit dem Sola Fide. Das steht ja gar nicht so in der Schrift! Natürlich müssen wir gehorsam werden – wir aber haben Generation um Generation zu Gesetzlosen erzogen!" *Ist all das überhaupt vorstellbar?*

Das aber wäre eine Grundvoraussetzung, um überhaupt über Einheit reden zu können. Und da haben wir noch gar nicht über die Frage geredet, wie man überhaupt Christ wird oder die Tauffrage. Das kommt jetzt dran:

WIE MAN (NICHT) CHRIST WIRD

Wie schon gesagt, werden in der evangelischen Kirche und den meisten Freikirchen Beschlüsse demokratisch gefasst. Die katholische Kirche ist deutlich mehr vom Lehramt geführt, doch auch in den Bischofskonferenzen geht es letztlich mehr oder weniger demokratisch zu.

Demokratie heißt, die Mehrheit der Sünder stimmt über Recht und Unrecht ab. Was soll dabei herauskommen? Wir sehen es täglich. Nun sollten es in jeder Kirche aber zumindest Gläubige und der Stellung nach *Heilige* sein, die über die Fragen der Kirche in der Zeit befinden. Tatsächlich, wie Herbert Koch feststellt, glauben jedoch die wenigsten Evangelischen, was die Bekenntnistexte ihnen vorgeben. Wenn aber Ungläubige über Lehre und Glaubensfragen befinden, was soll dabei herauskommen? Auch das sehen wir täglich an der immer weiteren Entfremdung besonders der evangelischen Kirche von jedem Konsens, der seit dem ersten Jahrhundert die verschiedenen Kirchen noch verbunden hat. Der pietistische Theologe Rolf Hille beklagt die Situation, ohne die eigentliche Ursache richtig zu verstehen:

„Die Evangelische Landeskirche in Württemberg hat bei ihrer Frühjahrstagung als letzte protestantische Großkirche in der EKD Segnungsgottesdienste für homosexuelle bzw. lesbische Paare beschlossen. Sie hat damit den ökumenischen Konsens aller christlichen Kirchen seit dem 1. Jahrhundert bis zum heutigen Tag verlassen. Statt die Gegensätze zwischen den Konfessionen zu überwinden, werden damit neue Gräben aufgerissen.

Auch innerprotestantisch wirkt diese Entscheidung verheerend. Die württembergische Landeskirche praktiziert als einzige Gliedkirche der EKD das sogenannte „Urwahlprinzip", d.h. die Synodalen werden direkt von den Kirchenmitgliedern ihres Wahlkreises bestimmt. Da die württembergische Kirche stark von der Tradition des Pietismus (18. Jahrhundert) und der Erweckungsbewegung des 19. Jahrhunderts geprägt ist, sind lebendige Gemeinden und konservative theologische Positionen bisher in ihr nachhaltig wirksam. Die konservativ pietistische Synodalgruppe Lebendige Gemeinde hat mit 43 von 90 Mandatsträgern eine beachtliche Mehrheit. Desto erschreckender ist die Tatsache, dass viele von ihnen der Gesetzesvorlage zugestimmt haben.

Nun begründet die Synode ihre Abstimmung gegen das biblische Wort mit dem Gebot zur Einheit der Kirche. Man will deshalb gleichberechtigt widersprüchliche Auslegungen der Heiligen Schrift anerkennen." [16]

Unterschätzen wir nicht den Druck der Gesellschaft, der Medien und der Gruppendynamik. Dass hier grundsätzlich bibeltreue Synodale umfallen, ist leider sogar zu erwarten, denn nichts ist politisch inkorrekter als ein „Hardliner" oder „Fundamentalist". Das kommt in unserer postmodernen Zeit ganz schlecht an. Das Problem ist aber grundlegender: Es sind zu viele Ungläubige in den Kirchen und damit in den Synoden. Woher kommt das? Martin Luther wusste es, und es mag überraschen, das aus seiner Feder zu lesen:

„Daß man durch die ganze Christenheit in aller Welt die unmündigen Kinder tauft und nicht harret, bis sie groß werden oder zu

---

[16] https://www.bibelundbekenntnis.de/aktuelles/eine-bekenntnisoekumene-ist-noetig/ (1.6.2019).

Vernunft kommen, dünkt mich aus sonderlichem Rath und Versehen Gottes geschehen und aufkommen zu seyn. Und wo man jetzt sollte die Großen und Alten taufen, halte ich wahrlich, daß sich das zehnte Theil nicht ließe taufen, ja wir wären gewißlich (so viel an uns läge) längst, längst eitel, eitel Türken worden.

Denn welche nicht getauft wären, die würden zu der Christen Predigt nicht gehen und alle ihre Lehre und Wesen, weil es eitel heilige und fromme Leute machen will, verachten, wie sie doch jetzt thun, ob sie gleich getauft sind und Christen seyn wollen.

Wenn nun solcher ungetaufte Haufe überhand nähme, was sollte anders bald draus werden, denn ein lauter Türkenthum oder Heidenschaft?" (Vermahnung zum Sacrament des Leibes und Blutes des Herrn).[17]

Diese Schrift Luthers wurde notwendig, weil der Gottesdienst der evangelischen Kirche noch schlechter besucht war als die katholische Messe. Der Papst, so kritisiert Luther in seiner Schrift, arbeite jedoch mit religiösem Zwang, der mit dem Evangelium nicht zu vereinbaren ist. Er setzt seine ganze Hoffnung darauf, alle zu taufen, damit sie durch die Taufe motiviert würden zu kommen und zu lernen. Nüchtern stellt er fest, dass nur 10% kommen würden, wenn man nur die Großen taufen würde, die diese aus freien Stücken begehrten. Heute liegt in der evangelischen Kirche Deutschlands der Kirchenbesuch aktuell bei 3,4% der

---

17

http://www.glaubensstimme.de/doku.php?id=autoren:l:luther:v:vermahnung_zum_sakrament (1.6.2019) getauften Mitglieder.[18] Luther weiß genau, woran es mangelt:

„Denn was ein Herz nicht glaubt, das kanns auch nicht achten, ehren, lieben, noch loben, und was man verachtet, läßt oder vergißt, da ist ein gewiß Zeichen, daß man nichts davon hält, glaubt auch nichts davon, nimmt sichs auch nicht an." (Vermahnung zum Sacrament des Leibes und Blutes des Herrn).

Aber die Taufe tut es nicht. Sie bewirkt keinen Glauben. Die Taufe spült nur zahlreiche Menschen in die Kirche, die mit dem Herzen nicht glauben, sondern aufgrund der gesellschaftlichen Konventionen da sind, oder weil es die Eltern einfordern, oder weil es ein berufliches Erfordernis ist, oder weil man zwar durchaus religiös suchend ist, aber sich aus den Predigten selektiv herauspickt, was einem mundet. Heute ist es insofern noch schlimmer, als dass die wenigsten Pfarrer überhaupt noch zumindest das Evangelium Luthers predigen, geschweige denn das vom Reich Gottes. Statt Broten bekommen die Suchenden Steine als geistliche Nahrung (vgl. Mat 7,9).

Die Ursache der Mehrheitsverhältnisse in den Synoden liegt *eindeutig* in der Kindertaufe, und nirgends anders. Das Missverständnis der Kindertaufe kommt bereits deutlich im Augsburger Bekenntnis zum Ausdruck:

„Von der Taufe wird gelehrt, dass sie heilsnotwendig ist und dass durch sie Gnade angeboten wird; dass man auch die Kinder taufen soll, die durch die Taufe Gott überantwortet und gefällig werden, d.h. in die Gnade Gottes aufgenommen werden. Deshalb werden

---

[18] https://www.idea.de/frei-kirchen/detail/neuer-tiefststand-beim-gottesdienstbesuch-in-der-ekd-100586.html (1.6.2019)

die verworfen, die lehren, dass die Kindertaufe nicht richtig sei.“ (CA 9) [19]

Was ist daran falsch? Die Gnade wird nicht in der Taufe angeboten, sondern in der Predigt des Evangeliums, wie das ganze Neue Testament sehr deutlich macht. Ein paar Beispiele:

„Geht hin in alle Welt und verkündigt das Evangelium der ganzen Schöpfung! Wer glaubt und getauft wird, der wird gerettet werden; wer aber nicht glaubt, der wird verdammt werden.“ (Mk 16,15-16).

Die Predigt des Evangeliums geht dem Glauben, und der Glaube der Taufe voraus.

„Diejenigen, die nun bereitwillig sein Wort annahmen, ließen sich taufen, und es wurden an jenem Tag etwa 3 000 Seelen hinzugetan.“ (Apg 2,41).

Zweimal wird hier die Freiwilligkeit betont: Einerseits im bereitwilligen Aufnehmen des Wortes, zweitens darin, dass man sich taufen *lässt,* also der Taufe, die man passiv empfängt, aktiv zustimmt.

„Als sie aber dem Philippus glaubten, der das Evangelium vom Reich Gottes und vom Namen Jesu Christi verkündigte, ließen sich Männer und Frauen taufen.“ (Apg 8,12).

Und wohlgemerkt, es wurde nicht das Evangelium der Rechtfertigung oder Vergebung, sondern das des Reiches Gottes gepredigt. Der Unterschied kann nicht

---

[19] https://www.bayern-evangelisch.de/was-uns-traegt/das-augsburger-bekenntnis.php#tab12 (1.6.2019).

genug betont werden, doch davon abgesehen, ist auch hier klar, dass der Glaube der Taufe vorangeht.

„Als sie aber auf dem Weg weiterzogen, kamen sie zu einem Wasser, und der Kämmerer sprach: Siehe, hier ist Wasser! Was hindert mich, getauft zu werden? Da sprach Philippus: Wenn du von ganzem Herzen glaubst, so ist es erlaubt! Er antwortete und sprach: Ich glaube, dass Jesus Christus der Sohn Gottes ist! Und er ließ den Wagen anhalten, und sie stiegen beide in das Wasser hinab, Philippus und der Kämmerer, und er taufte ihn.“ (Apg 8,36-38).

Hier sehen wir, dass der Taufe sogar ein Glaubensbekenntnis vorausgehen musste. Nicht nur das, es musste auch von den Sünden umgekehrt werden – Buße getan werden – ehe man getauft werden konnte:

„Da sprach Petrus zu ihnen: Tut Buße, und jeder von euch lasse sich taufen auf den Namen Jesu Christi zur Vergebung der Sünden; so werdet ihr die Gabe des Heiligen Geistes empfangen.“ (Apg 2,38).

Die Taufe ist zwar das Bad der Wiedergeburt (Tit 3,5), wie in allen Katechismen richtig steht, aber niemals losgelöst von Glaube und Umkehr von der Sünde. Da wird man nur nass, und nicht einmal besonders, denn im Gegensatz zur Ganztauchung der frühen Kirche, erfolgt die katholische und evangelische Taufe gewissermaßen in homöopathischer Dosis, indem lediglich das Köpflein des Kindleins beträufelt wird. Unfug!

Es ist nicht Thema dieses Buches, die Kindertaufe systematisch theologisch zu widerlegen, die Frucht spricht eine so deutliche Sprache, dass auch Luther es nicht bestreiten konnte. Schon zu seiner Zeit war es mehr als offensichtlich:

„Sintemal es jetzt die größeste Klage ist, daß man viel prediget, und Niemand darnach thut, sondern die Leute so roh, kalt und faul werden, daß es eine Schande ist, und viel weniger thun als zuvor." (Fastenpostille 1527, Auslegung der Epistel am 16. Sonntag nach Trinitatis).[20]

Was aber, wenn der Beitritt zur Kirche, die Entscheidung zum Glauben freiwillig wäre, wie es am Anfang erwiesenermaßen war (denn in der Kirchengeschichtsforschung herrscht ein breiter Konsens darüber, dass die Säuglingstaufe erst um 200 n.Chr. aufgekommen ist)? Es wäre anders:

Erstens würden sich wahrscheinlich wirklich deutlich weniger taufen lassen, doch der Gottesdienstbesuch wäre deutlich höher. In Österreich gibt es – um einen Vergleich anzustellen – knapp 300.000 Evangelische und etwa 30.000 Christen in verschiedenen Freikirchen, die auf das persönliche Bekenntnis hin taufen. Wenn wir optimistisch einen regelmäßigen (weitgehend wöchentlichen) Gottesdienstbesuch von 5% bei der Evangelischen Kirche annehmen, dann kommen rund 15.000 Evangelische jeden Sonntag zur Predigt, während die Freikirchler grundsätzlich eine ganz andere Motivation mitbringen und nicht nur selbst kommen, sondern auch

---

[20] Zitiert aus einer katholischen Sammlung von Lutherzitaten, die zeigt, wie häufig und ernst Luther selbst die Früchte der Reformation beklagte. https://reader.digitale-sammlungen.de/de/fs1/object/display/bsb11340945_00005.html (1.6.2019)

Gäste einladen, sodass man mit gutem Gewissen sagen kann, dass jeden Sonntag doppelt so viele Freikirchler zum Gottesdienst kommen als Evangelische.

Zweitens würde die Kirche wieder eine Außenorientierung entwickeln. *Das Evangelium gehört auf die Straßen;* dort sollen die Menschen mit der Botschaft vom Reich Gottes bekanntgemacht werden, um dann die, welche bereit sind, zu taufen und in der praktischen Jüngerschaft zu unterweisen.

Drittens hätten alle Kirchen so wieder genügend motivierte und geistlich gesunde Kandidaten für Leitungsaufgaben in den Gemeinden.

Viertens hätten Liberalismus und Modernismus kaum einen Raum mehr in den Kirchen, weil der Heilige Geist diese weltlichen Philosophien nicht erträgt, und deshalb auch kein wahrer Jünger Jesu dies tut. Die Gemeinden würden in Lehre und Wandel wieder homogener werden.

Fünftens wäre damit wirklich eine Basis gegeben, einander über die Konfessionsgrenzen hinweg als Kinder Gottes anzuerkennen, jedenfalls deutlich besser als es jetzt der Fall ist.

Manche bezeichnen die Tauffrage als Spaltpilz in der ökumenischen Diskussion. Tatsächlich, denn wer die Kindertaufe nicht anerkennt, wird im Augsburger Bekenntnis und den katholischen Dogmen ja ausdrücklich verworfen. Die Spaltung ging ja von denen aus, die wider besseren Wissens jene als „Wiedertäufer" brandmarkten und verfolgten, die zuvor ihre Parteigänger waren. Nämlich von den Reformatoren selbst. Luther war es doch, der in seiner mutigen Anfangszeit der Säuglingstaufe gut begründet mit teils deftigen Worten jede Berechtigung absprach, wenn nicht nachgewiesen werden könne, dass die Säuglinge einen eigenen Glauben hätten:[21]

„Vielleicht möchte meinen obigen Worten entgegen gesetzt werden die Taufe der kleinen Kinder, die die Verheißung Gottes nicht verstehen, auch den Glauben der Taufe nicht haben können, darum entweder der Glaube nicht erfordert würde oder die Kinder vergebens getauft werden." (WA Bd. 6, S. 538,4).

„Vor diesem Gift und Irrtum (als ob die Sakramente an sich die Kraft hätten, dem Menschen die Sünden zu vergeben) hüte dich, wenn es gleich aller (Kirchen =) Väter und Konzilien ausgedrückte Meinung wäre; denn sie besteht nicht, hat keinen Grund in der Schrift für sich, sondern eitlen Menschendünkel und Träume. Dazu ist sie stracks wider die vorigen Hauptsprüche, da Christus spricht: „Wer glaubt und getauft wird, der soll selig werden" usw., – dass kurzum beschlossen ist: „Taufe hilft niemand, ist auch niemand zu geben, er glaube denn für sich selbst, und ohne eigenen Glauben niemand zu taufen ist." …

„Über diese sind etliche andere, wie die Brüder Waldenses[22] genannt, die halten, dass ein jeder müsse für sich selbst glauben und mit eigenem Glauben müsse die Taufe oder das Sakrament empfangen, wo nicht, so sei ihm die Taufe oder das Sakrament

---

21 Alle Zitate von
https://resetchurch.wordpress.com/2014/04/05/luthers-haltung-gegen-die-taufe-von-sauglingen-zu-anfang-der-reformation/
(1.6.2019)
22 Die Waldenser entstanden Ende des 12. Jahrhunderts in Südfrankreich und gelten als vorreformatorische Bewegung. In der Tauffrage waren sie, wie Luther kritisiert, offenbar inkonsequent oder uneinheitlich.

kein nütze. Sofern reden sie und halten sie recht. Aber dass sie zufahren und taufen gleichwohl die jungen Kinder, welche sie auch halten für die, die keinen eigenen Glauben haben, das ist ein Spott der heiligen Taufe, und sündigen wider das andere Gebot, dass sie Gottes Namen und Wort unnütz und vergeblich führen mit Wissen und Mutwillens. "

„Es hilft auch nichts die Ausrede, dass sie sagen, die Kinder taufe man auf ihren zukünftigen Glauben, wenn sie zur Vernunft kommen, denn der Glaube muss vor oder in der Taufe da sein, sonst wird das Kind nicht los vom Teufel und von der Sünde. Darum, wenn ihre Meinung recht wäre, so müssten das alles eitle Lügen sein, das mit dem Kinde in der Taufe gehandelt wird. Denn da fragt der Täufer, ob das Kind glaube, und man (die Paten) antwortet: „Ja" an seiner Statt. Nun wird doch niemand an seiner Statt getauft, sondern es wird selbst getauft. Darum muss es auch selbst glauben oder die Paten lügen, wenn sie sagen an seiner Statt: Ich glaube. – Wo wir nun nicht können beweisen, dass die jungen Kinder selbst glauben und eigenen Glauben haben, da ist es mein treuer Rat und Urteil, dass man stracks abgehe, je eher, je besser, und taufe nimmermehr kein Kind, dass wir nicht die hochgelobte Majestät Gottes mit solchen Alfanzen und Gaukelwerk, da nichts hinter ist, spotten und lästern" (Erl. Ausg. 11,60ff.).

Besser hätte es kein von ihm später so hasserfüllt verfolgter „Wiedertäufer" ausdrücken können. Die rechte Tauferkenntnis war in der Reformation am Anfang da! Es hätte allgemein verwirklicht werden können! Stattdessen ließen Luther und Zwingli, indem sie sich mit Magistrat und Fürsten verbündeten und die Reformation zu einem Politikum machten, ihre Schüler und Anhänger als Staatsfeinde ins Messer laufen, obwohl sie, mit etwas mehr reformatorischem Mut, hier tatsächlich an einem Strang ziehen hätten können und müssen.

Bis heute trennt die Tauffrage, und damit die Frage, wie man Christ wird, die Freikirchen von der evangelischen und der katholischen Kirche. Solange ökumenische Gespräche sich darauf einigen, diese wirklich grundlegende Frage unter den Tisch zu kehren, werden weiterhin mehrheitlich ungläubige Theologen an einem Tisch sitzen, um über die Einheit der Christen zu dialogisieren. Dass so die Bitte Jesu aus dem hohepriesterlichen Gebet erfüllt wird, muss bezweifelt werden.

DIE EUCHARISTIE ALS
UNVERHANDELBARE HÜRDE

Während sich alle Kirchen außer den meisten Freikirchen dahingehend verständigt haben, die jeweiligen Taufen gegenseitig anzuerkennen, gibt es ein Sakrament, bei dem die katholische Kirche keinerlei Kompromiss zulässt: die Eucharistie (evangelische nennen es Abendmahl). Ökumenische Gottesdienste können daher nur als „Wortgottesdienste" gefeiert werden, in denen eine Predigt im Mittelpunkt steht. Bei der katholischen Messfeier jedoch dreht sich alles um die Eucharistie.[23]

„Die Eucharistie ist „Quelle und Höhepunkt des ganzen christlichen Lebens" (LG 11). „Mit der Eucharistie stehen die übrigen Sakramente im Zusammenhang; auf die Eucharistie sind sie hingeordnet; das gilt auch für die kirchlichen Dienste und für die Apostolatswerke. Die heiligste Eucharistie enthält ja das Heilsgut der Kirche in seiner ganzen Fülle, Christus selbst, unser Osterlamm" (PO 5)." (KKK 1324)

„Die Eucharistie ist also der Inbegriff und die Summe unseres Glaubens: „Unsere Denkweise stimmt mit der Eucharistie überein, und die Eucharistie wiederum bestätigt unsere Denkweise" (Irenäus, hær. 4,18,5)." (KKK 1327).

Darauf könnte man sich doch irgendwie verständigen, wo liegt der Haken? Für eine *gültige* Eucharistiefeier ist ein ordentlich geweihter Priester erforderlich, der in der apostolischen Sukzession steht, welche die katholische

---

[23] http://www.vatican.va/archive/DEU0035/_P43.HTM (16.6.2019)

Kirche bei ihren Bischöfen völlig gewährleistet sieht, die wiederum in Einheit mit dem Papst stehen müssen. Kurzum: Allein die römisch katholische Messfeier ist eine gültige Messfeier (Zugeständnisse gibt es für die orthodoxen Kirchen, dich ich in diesem Buch aber ausklammere, weil sie uns im Westen kaum betreffen KKK 1399).

„Die aus der Reformation hervorgegangenen, von der katholischen Kirche getrennten kirchlichen Gemeinschaften haben „vor allem wegen des Fehlens des Weihesakramentes die ursprüngliche und vollständige Wirklichkeit des eucharistischen Mysteriums nicht bewahrt" (UR 22). Aus diesem Grund ist für die katholische Kirche die eucharistische Interkommunion mit diesen Gemeinschaften nicht möglich. Doch diese Gemeinschaften „bekennen ... bei der Gedächtnisfeier des Todes und der Auferstehung des Herrn im Heiligen Abendmahl, daß hier die lebendige Gemeinschaft mit Christus bezeichnet werde, und sie erwarten seine glorreiche Wiederkunft" (UR 22). " (KKK 1400).[24]

Für Protestanten und Freikirchler wiederum völlig unannehmbar ist der Opfergedanke der Eucharistie, die von den Katholiken als eine (wenn auch unblutige) Wiederholung des Kreuzesopfers verstanden wird:

„Das Opfer Christi und das Opfer der Eucharistie sind ein einziges Opfer: „Denn die Opfergabe ist ein und dieselbe; derselbe, der sich selbst damals am Kreuze opferte, opfert jetzt durch den Dienst der Priester; allein die Weise des Opferns ist verschieden". „In diesem göttlichen Opfer, das in der Messe vollzogen wird, [ist] jener selbe Christus enthalten und [wird] unblutig geopfert ... der

---

[24] http://www.vatican.va/archive/DEU0035/_P48.HTM (16.6.2019).

auf dem Altar des Kreuzes ein für allemal sich selbst blutig opferte" (K. v. Trient: DS 1743)." (KKK 1367).

„Das eucharistische Opfer wird auch für die in Christus gestorbenen Gläubigen dargebracht, „die noch nicht vollständig gereinigt sind" (K. v. Trient: DS 1743), damit sie in das Reich Christi, in das Reich des Lichtes und des Friedens eingehen können." (KKK 1371).[25]

Der zweite Absatz meint das Purgatorium, den Reinigungsort bzw. das Fegefeuer, in dem die Verstorbenen die noch nicht erbrachten Wiedergutmachungen für die von ihnen begangenen Sünden nachbringen müssen. Von dieser Lehre gibt die Kirche selbst zu, dass sie nicht ursprünglich ist, sondern sich erst entwickelte – obwohl Weiterentwicklungen der Lehre nach dem Antimodernisteneid abzulehnen wären!

„Die Fegefeuerlehre hat sich in der katholischen Theologie langsam entfaltet: dass es nach dem Tod eine „Vorstufe" zum Himmel gibt, in der die Seele geläutert – das heißt gereinigt (gefegt) - wird. …

Das Konzept des Fegefeuers hat sich aber nur in der westlichen Kirche entwickelt, von den Orthodoxen und von Luther wurde es abgelehnt.

Oft hat man es auch mit den ewigen Höllenqualen verwechselt.

Lange hat man das Fegefeuer (lateinisch Purgatorium: Reinigung) als einen Ort der Strafe gesehen.

---

[25] http://www.vatican.va/archive/DEU0035/_P47.HTM
(16.6.2019).

Joseph Ratzinger beschrieb die heutige Sicht: Das Fegefeuer sei „der von innen her notwendige Prozess der Umwandlung des Menschen, in dem er christus-fähig, gott-fähig wird". (Dabei helfen ihm unsere Gebete.)" [26]

Mit Fug und Recht muss man die Fegefeuerlehre daher als eine katholische Sonderlehre betrachten, die zugegebenermaßen nicht ursprünglich ist und zudem stets weiterentwickelt wurde. Sie ist eng verbunden mit dem „Messopfer", das den *vermeintlich* dort leidenden Seelen zugerechnet werden könne, um sie so – Messopfer für Messopfer, Gebet für Gebet (und die Seelenmessen muss man bezahlen) – schrittweise aus dem Fegefeuer zu befreien, wobei völlig ungeklärt ist, wieviele Tage, Jahre oder auch nur Stunden Nachlass der Fegefeuerzeit durch die Messopfer gewährt werden.

Protestanten und Freikirchler verweisen auf die Schrift und lehnen solches Denken ab:

„Und jeder Priester steht da und verrichtet täglich den Gottesdienst und bringt oftmals dieselben Opfer dar, die doch niemals Sünden hinwegnehmen können; Er aber hat sich, nachdem er ein einziges Opfer für die Sünden dargebracht hat, das für immer gilt, zur Rechten Gottes gesetzt, und er wartet hinfort, bis seine Feinde als Schemel für seine Füße hingelegt werden. Denn mit einem einzigen Opfer hat er die für immer vollendet, welche geheiligt werden. Das bezeugt uns aber auch der Heilige Geist; denn nachdem zuvor gesagt worden ist: »Das ist der Bund, den ich mit ihnen schließen will nach diesen Tagen, spricht der Herr: Ich will meine Gesetze in ihre Herzen geben und

---

[26] https://www.erzdioezese-wien.at/site/nachrichtenmagazin/magazin/kleineskirchenlexikon/article/44242.html (16.6.2019).

sie in ihre Sinne schreiben«, sagt er auch: »An ihre Sünden und ihre Gesetzlosigkeiten will ich nicht mehr gedenken.« Wo aber Vergebung für diese ist, da gibt es kein Opfer mehr für Sünde. " (Heb 10,11-18).

Wenn Priester täglich opfern müssen (wie dies die katholischen auch tun), dann bezeugen sie, dass ihre Opfer Sünden nicht wegnehmen können. Sie reinigen nicht, sie vollenden nicht, sie sind lediglich eine beständige Erinnerung an die Sünden (Heb 10,3). Ganz anders ist das Opfer Jesu in Seiner Einmaligkeit und Kraft! Er hat die notwendige Reinigung von den Sünden ein für alle Mal vollbracht und sich zur Rechten Gottes gesetzt. Da – und nirgends anders! – ist der Leib Christi, Sein Körper, bis Er sichtbar wiederkommen wird.

Es ist ja das Wesen körperlicher Existenz, dass diese uns an einen Ort bindet. Wir können nicht zwei Körper gleichzeitig haben, und wenn Jesus einen menschlichen Körper angenommen hat, kann Er nicht zugleich Brot werden. Oder hatte Er im Moment des ersten Abendmahles, als Er das Brot nahm, dankte (gr. eucharisteo) und es brach plötzlich zwei leibliche Existenzen, die menschliche und eine „brötliche“? Wir lesen in der Schrift jedenfalls nichts von solch einem Wunder, und so entwickelte sich auch die Lehre der Wandlung erst über die Jahrhunderte zu der reichlich komplizierten Transsubstantiationslehre.

Es soll in diesem Buch nicht um eine umfassende theologische und kirchengeschichtliche Abhandlung zum Abendmahl gehen, sondern lediglich darum, dass das katholische Verständnis der Eucharistie einen unüberwindlichen Stolperstein für die Ökumene darstellt.

Dabei geht es völlig an den Kriterien der Einheit vorbei, die der Herr Jesus in Seinem Gebet nannte, nämlich die Heiligung nach Seinem Wort der Wahrheit. Die katholische Kirche in besonderem, aber auch das Augsburger Bekenntnis betonen die Gültigkeit des Sakraments nach ihren je eigenen kirchenrechtlichen Vorstellungen – und beide lassen die Heiligkeit außer Acht. Beschämend für die Reformation ist, dass sich selbst die beiden Reformatoren Luther und Zwingli in den Marburger Religionsgesprächen 1529 über das rechte Verständnis des Abendmahles heillos zerstritten haben.

Die Schleitheimer Artikel, welche die Täuferbewegung 1527 formulierten, sind meines Wissens der einzige Bekenntnistext, der die Heiligkeit derer, die daran teilnehmen, berücksichtigt:

„Drittens, was das Brotbrechen anbelangt, sind wir uns einig geworden und haben folgendes vereinbart:

Alle, die ein Brot brechen wollen zum Gedächtnis des gebrochenen Leibes Christi, und alle, die von einem Trank trinken wollen zum Gedächtnis Seines vergossenen Blutes, die sollen vorher zu einem Leib Christi vereint sein, das ist die Gemeinde Gottes, an welcher Christus das Haupt ist, nämlich durch die Taufe [die Glaubenstaufe ist gemeint, die Kindertaufe wird abgelehnt]. Denn wie Paulus sagt, können wir nicht zugleich am Tisch des Herrn und am Tisch der Dämonen teilhaben. Wir können auch nicht zugleich teilhaben am Kelch des Herrn und am Kelch der Dämonen und davon trinken. Das heißt: Alle, die Gemeinschaft haben mit den toten Werken der Finsternis, die haben kein Teil am Licht, ebenso alle, die dem Teufel folgen und der Welt, die haben

kein Teil mit denen, die aus der Welt zu Gott berufen sind. Alle,
die dem Bösen verfallen sind, haben kein Teil am Guten.

So soll und muss es auch sein: Wer nicht die Berufung des einen
Gottes zu einem Glauben, zu einer Taufe, zu einem Leib
zusammen mit allen Kindern Gottes hat, der kann auch nicht mit
ihnen zu einem Brot werden, wie es doch sein muss, wo man das
Brot in der Wahrheit nach dem Befehl Christi brechen will. "[27]

Niemand, der noch nicht auf sein Glaubensbekenntnis
hin getauft ist und dementsprechend lebt, kann am
Abendmahl teilnehmen. Das ist die Einheit, um die es
dem Herrn Jesus in Seinem Gebet geht, und darum
muss es folglich allen gehen, denen die Einheit der
Christen am Herzen liegt. Es genügt Ihm nicht, wenn
wir formalrechtlich korrekt Sakramente zu zelebrieren
und dabei weder gläubig sind noch heilig leben.

---

[27] https://nachfolgerchristi.wordpress.com/die-schleitheimer-
artikel-1527/ (16.6.2019)

DER STEHE AB VON DER UNGERECHTIGKEIT

Die Heiligung meint in der Praxis die Besserung des Lebens. Paulus schreibt an Timotheus:

„Aber der feste Grund Gottes bleibt bestehen und trägt dieses Siegel: Der Herr kennt die Seinen! und: Jeder, der den Namen des Christus nennt, wende sich ab von der Ungerechtigkeit!" (2.Tim 2,19).

Einen Christen erkenne ich demnach nicht nur an seinem Bekenntnis, sondern an seinem Wandel, der mit dem Bekenntnis übereinstimmen muss. Im Glaubensbekenntnis wird „die Gemeinschaft der Heiligen" bekannt, was so viel bedeutet, dass die, welche in Stand und Wandel heilig sind, also wahrhaft glauben und auch so leben, zusammengehören. Können wir also keine Gemeinschaft mit jenen haben, die sich zu Christus bekennen, aber nicht nach Seinen Geboren leben? Was sagt Paulus weiter?

„In einem großen Haus gibt es aber nicht nur goldene und silberne Gefäße, sondern auch hölzerne und irdene, und zwar die einen zur Ehre, die anderen aber zur Unehre. Wenn nun jemand sich von solchen reinigt, wird er ein Gefäß zur Ehre sein, geheiligt und dem Hausherrn nützlich, zu jedem guten Werk zubereitet." (2.Tim 2,20-21).

Je größer eine Gemeinde ist, desto mehr Menschen sind dabei, die den Glauben nicht so ernst nehmen. Die schwimmen irgendwie mit, mehr oder weniger unauffällig bis ihre Sünden öffentlich bekannt werden. Wir sollen uns von diesen reinigen, um für Gott brauchbar

zu bleiben. Das ist eine wichtige Sache, aber wie macht
man das?

*„So fliehe nun die jugendlichen Lüste, jage aber der Gerechtigkeit,
dem Glauben, der Liebe, dem Frieden nach zusammen mit denen,
die den Herrn aus reinem Herzen anrufen!"* (2.Tim 2,22).

Die Einheit, die Christus im Sinn hat, ist die Gemeinschaft der Heiligen, die den Herrn aus reinem Herzen
anrufen, weil sie die Sünde in jeder Form meiden. Weil
das so wichtig ist, hat der Herr Jesus die Gemeindezucht
eingesetzt, damit Sünder in der Gemeinde zur Umkehr
ermahnt werden, oder – wenn sie halsstarrig bleiben –
aus der Gemeinschaft ausgeschlossen werden.

*„Wenn aber dein Bruder an dir gesündigt hat, so geh hin und
weise ihn zurecht unter vier Augen. Hört er auf dich, so hast du
deinen Bruder gewonnen. Hört er aber nicht, so nimm noch einen
oder zwei mit dir, damit jede Sache auf der Aussage von zwei oder
drei Zeugen beruht. Hört er aber auf diese nicht, so sage es der
Gemeinde. Hört er aber auch auf die Gemeinde nicht, so sei er für
dich wie ein Heide und ein Zöllner. Wahrlich, ich sage euch: Was
ihr auf Erden binden werdet, das wird im Himmel gebunden sein,
und was ihr auf Erden lösen werdet, das wird im Himmel gelöst
sein."* (Mat 18,15-17).

Solch ein Gemeindeausschluss hat Konsequenzen in
der himmlischen Welt, ebenso wie auch eine Gemein-
deaufnahme oder Taufe in der himmlischen Welt angenommen wird. Es ist also eine höchst verantwor-
tungsvolle Aufgabe, die der Herr Jesus der Gemeinde
übertragen hat. Denn Er will *eine makellose Braut* haben:

*„Christus hat die Gemeinde geliebt und sich selbst für sie
hingegeben, damit er sie heilige, nachdem er sie gereinigt hat durch*

das Wasserbad im Wort, damit er sie sich selbst darstelle als eine Gemeinde, die herrlich sei, so dass sie weder Flecken noch Runzeln noch etwas ähnliches habe, sondern dass sie heilig und tadellos sei.“ (Eph 5,25-27).

Gemeindezucht wird noch in einigen Gemeinden praktiziert, aber lange nicht mehr so wie noch vor zwanzig oder dreißig Jahren oder noch früher. In der katholischen und Evangelischen Kirche findet sie de facto nicht statt.

Man will nicht richten, bemüht sich um Milde und Nachsicht. Bei den Baptisten wird es teilweise schon so gerechtfertigt:

„Nicht nur in der Gesellschaft, sondern auch in den Gemeinden sei eine Kultur des Scheiterns nötig, schlägt Riemenschneider vor. Der christliche Glaube stehe für die Chance des Neuanfangs, „weil er die Schuld ernst nimmt, ebenso aber auch die Kraft der Vergebung“. Der Glaube dürfe nicht dazu benutzt werden, Menschen ein schlechtes Gewissen zu machen. Christliche Ethik dürfe auch nicht zu einem Sündenvermeidungsstress werden, der jegliche Glaubens- und Lebensfreude erstickt. …

Das menschliche Versagen hatte Riemenschneider indirekt auch in einem Kurzkommentar in dem Magazin ideaSpektrum angeschnitten, das ihn befragt hatte, wie der BEFG es mit der Gemeinde- oder Kirchenzucht und dem Gemeindeausschluss halte. Nötig sei immer das seelsorgerliche Gespräch, so Riemenschneider. Oft benötigten Menschen viel Zeit, um ihr Verhalten zu überdenken. So lange dieses Nachdenken erkennbar sei, müsse eine Gemeinde das aushalten und dürfe nicht vorschnell aufgeben. Auch auf ausgeschossene Menschen müsse mit Liebe zugegangen werden: „Denn das Ziel von Gemeindezucht ist es, Menschen zur Umkehr einzuladen und zu einem klaren Lebenszeugnis zu ermutigen." Er räumte ein, dass es im Blick auf die Gemeindezucht keine einheitliche Regelung im BEFG gebe. Unverheiratet zusammenlebende Paare würden etwa in manchen Gemeinden seelsorgerlich betreut, in anderen dürften sie nicht mitarbeiten, in wieder anderen würden sie ausgeschlossen. Statt eines Ausschlusses praktizierten viele Gemeinden nur noch eine Streichung der Mitgliedschaft. 2008 habe es 444 Streichungen und 40 Ausschlüsse gegeben. Mit einer solchen Entscheidung wolle man dem Betreffenden zeigen, dass er nicht vom Reich Gottes ausgeschlossen sei, sondern dass er sich mit seinem Verhalten außerhalb der Gemeinde befinde." [28]

Gibt das den Sinn und das Ziel der Weisung Jesu wieder? Oder will man hier nachsichtiger und barmherziger als Jesus Christus selbst sein? Sündenvermeidungsstress? Was für ein Verständnis hat Herr Riemenschneider denn hier von der Heiligung? Er müsste Paulus in seinem Brief ja heftig widersprechen: „Machen Sie doch dem jungen Mann nicht so einen Stress mit dem Fliehen von den jugendlichen Sünden! Seien sie doch ein bisschen menschlicher!"

Ja, man könnte meinen, viele betrachten den Herrn Jesus als Unmenschen, weil Er Gehorsam einfordert – etwas, was wir uns schon bei unseren eigenen Kindern kaum trauen. Der liberale antiautoritäre Zeitgeist kann mit diesen Aussagen zur Reinheit der Gemeinde und ihrer Reinerhaltung nichts anfangen.

Das Neue Testament lehrt keine Kultur des Scheiterns, sondern eine Kultur des Überwindens und des Siegs

---

[28] https://www.baptisten.de/de/aktuelles-schwerpunkte/nachrichten/artikel/gradlinigkeit-statt-vertuschungen/ (1.6.2019).

über die Sünde. Wer das nicht kennt, ist entweder falsch unterwiesen oder gar nicht wirklich gläubig, wie Paulus im selben Brief schreibt:

*„Das aber sollst du wissen, dass in den letzten Tagen schlimme Zeiten eintreten werden. Denn die Menschen werden sich selbst lieben, geldgierig sein, prahlerisch, überheblich, Lästerer, den Eltern ungehorsam, undankbar, **unheilig,** lieblos, unversöhnlich, verleumderisch, unbeherrscht, gewalttätig, dem Guten feind, Verräter, leichtsinnig, aufgeblasen; sie lieben das Vergnügen mehr als Gott; dabei haben sie den äußeren Schein von Gottesfurcht, deren Kraft aber verleugnen sie."* (2.Tim 3,1-5).

Sie haben den äußeren Schein der Gottesfurcht, sie beherrschen die Sprache der Frömmigkeit, ja sie haben oft die höchsten Positionen inne, aber wenn es um Heiligung und Reinheit geht, meinen sie, dass das nicht einzufordern sei. Sie verleugnen damit die Kraft Gottes, die durch Gottes Geist in jedem wahren Kind Gottes wirkt, um es zu heiligen und zu verändern. Paulus ist kompromisslos:

„Von solchen wende dich ab!" (2.Tim 3,5).

Es kann von daher keine Ökumene mit jenen geben, welche die Gemeinde daran hindern rein zu werden und zu bleiben, welche die Gemeindezucht herunterspielen und die Vermeidung der Sünde als zu vermeidenden Stress darstellen. Wollen sie dem Herrn Jesus, dem himmlischen Bräutigam, tatsächlich eine verschmutzte und benutzte, eine verwirrte, verwahrloste und verrunzelte Braut zuführen? Wie anders war Paulus gesinnt:

„Denn ich eifere um euch mit göttlichem Eifer; denn ich habe euch einem Mann verlobt, um euch als eine keusche Jungfrau Christus zuzuführen." (2.Kor 11,2).

Göttlicher Eifer – ist das auch ein Stress? Er führt jedenfalls bis zur völligen Hingabe des eigenen Lebens, um den Willen des Herrn zu erfüllen.

Gemeinschaft der Heiligen. Was sagen die evangelische und katholische Kirche dazu? Im kleinen Katechismus wird der Artikel „Von der Heiligung" so erklärt:

„Von der Heiligung

Ich glaube an den Heiligen Geist, die heilige christliche Kirche, Gemeinschaft der Heiligen, Vergebung der Sünden, Auferstehung der Toten und das ewige Leben. Amen.

Was ist das?

Ich glaube, dass ich nicht aus eigener Vernunft noch Kraft an Jesus Christus, meinen Herrn, glauben oder zu ihm kommen kann; sondern der Heilige Geist hat mich durch das Evangelium berufen, mit seinen Gaben erleuchtet, im rechten Glauben geheiligt und erhalten; gleichwie er die ganze Christenheit auf Erden beruft, sammelt, erleuchtet, heiligt und bei Jesus Christus erhält im rechten, einigen Glauben; in welcher Christenheit er mir und allen Gläubigen täglich alle Sünden reichlich vergibt und am Jüngsten Tage mich und alle Toten auferwecken wird und mir samt allen Gläubigen in Christus ein ewiges Leben geben wird.

Das ist gewisslich wahr." [29]

---

[29] https://evang.at/glaube-leben/luthers-kleiner-katechismus/ (1.6.2016).

Da Luthers Glaubensverständnis durch und durch passiv ist (wir können von uns aus nicht einmal glauben), ist auch sein Heiligungsverständnis völlig „stressfrei" – mit den bereits erwähnten Folgen: Sie glaubten fest und sündigten wacker, wie Luther dies seinem Mitstreiter Melanchton in einem Brief empfahl und diese zu einem geflügelten Wort wurde, welches die Frucht der Reformation satirisch treffend beschreibt.[30]

Was sagt der katholische Katechismus zur Gemeinschaft der Heiligen?

*„**946** Dem Bekenntnis zur „heiligen katholischen Kirche" folgt im Symbolum: „die Gemeinschaft der Heiligen". Dieser Glaubensartikel ist in gewisser Weise eine Ausfaltung des vorhergehenden: „Was ist die Kirche anderes als die Versammlung aller Heiligen?" (Niketas, symb. 10). Diese Gemeinschaft der Heiligen ist die Kirche.*

***947** „Da alle Gläubigen einen einzigen Leib bilden, wird das Gut des einen dem anderen mitgeteilt ... Somit muß man glauben, ... daß in der Kirche eine Gütergemeinschaft besteht ... Das wichtigste unter allen Gliedern der Kirche aber ist Christus, denn er ist das Haupt... Also wird das Gut Christi allen Christen mitgeteilt, so wie die Kraft des Hauptes allen Gliedern, und diese Mitteilung geschieht durch die Sakramente der Kirche" (Thomas v. A., symb. 10). „Die Einheit des Geistes, durch den [die*

---

[30] *„Sei ein Sünder und sündige tapfer, aber tapferer noch glaube und freue dich in Christo, der Sieger ist über Sünde, den Tod und die Welt."* – Noch heute wird in evangelischen Predigten mit diesem Lutherwort jeder Ansatz zu konsequenter Heiligung im Keim erstickt und das Gewissen beschwichtigt: http://www.reformiertestadtkirche.at/pdf/predigten/2014/10-31.pdf (16.6.2019)

Kirche] geleitet wird, bewirkt, daß das, was sie empfangen hat, allen gemeinsam ist" (Catech. R. 1,10,24).

948 *Der Ausdruck „Gemeinschaft der Heiligen" hat somit zwei Bedeutungen, die eng miteinander zusammenhängen: „Gemeinschaft an den heiligen Dingen" [sancta] und „Gemeinschaft zwischen den heiligen Personen" [sancti]." [31]*

Die Praxis der Gemeinschaft der Heiligen führt gewiss auch zur Gütergemeinschaft (Apg 2,44 + 4,32), wie im Katechismus treffend angemerkt, doch von der Heiligung ist hier nicht die Rede. Es hat mehr einen „formalrechtlichen" Charakter der Teilhabe an den Sakramenten und der Gemeinschaft untereinander (inklusive der Verstorbenen). Von Sündenvermeidung oder Heiligung ist nicht die Rede. Doch ein Heiliger wird durch den Wandel als ein solcher anerkannt, nicht allein aufgrund des Lippenbekenntnisses. Die katholische Kirche sticht nur in einem Aspekt von allen anderen positiv ab, indem sie bis heute wiederverheirateten Geschiedenen die Kommunion verweigert. Dieser Umstand wird kirchenintern von liberalen Geistern zwar stets kritisiert, ist aber zumindest ein Beispiel dafür, dass man sich mit Sünde (und eine Wiederheirat ist eindeutig gegen Gottes Willen – Mk 10,11-12) nicht abfinden muss.

Doch dogmatisch lehnt die katholische Kirche aber die Gemeinschaft der Heiligen de facto ab, und zwar spätestens seit Augustinus. Der katholische Theologe József Niewiadomski schreibt:

---

[31] http://www.vatican.va/archive/DEU0035/_P2G.HTM (1.6.2019)

„Ecclesia mixta: dazugehören sowohl die Geretteten als auch die Egoisten; sie ist die Kirche, die wir in der Geschichte sehen; die Kirche in der Geschichte ist nicht die Gemeinschaft von Heiligen, sondern eine Mischkultur, aus göttlicher Liebe und Diabolischer, mal gut mal schlechte.

[Demgegenüber steht] die Ecclesia vera, aber die ist niemals identisch mit einer sichtbaren politischen Größe; das wäre die Gruppe der Erwählten, vom Hl. Geist getragen, nicht durch Kirchensteuer, nicht durch Gesetze, sie wird nicht untergehen, ja sie kann gar nicht untergehen, weil sie unsichtbar ist, sie ist nie identisch mit der sichtbaren Kirche - was sichtbar ist, ist immer sündhaft und von Zweideutigkeit geprägt" [32]

Mit anderen Wortes: Gib es auf, die sichtbare Gemeinde auf Erden wird immer eine Mischung aus Heiligen und Unheiligen sein. Logisch, wenn man alle Kinder ohne Glauben tauft und keine Gemeindezucht mehr übt, würde ich ihm antworten. Das Dogma[33] von der ekklesia mixta ist eine Kapitulation vor der eigenen falschen Taufpraxis, die zwingend zu einem falschen Verständnis von Kirche führen muss. Ein schwerwiegender Folgefehler. Wie rettet man sich aus dem Dilemma? Die wahre Kirche ist unsichtbar. *Wie kommod,* dann brauchen wir uns um sie nicht zu kümmern, da kümmert sich Gott darum – und die ekklesia mixta ist

---

[32] http://www.braito.net/media/Universitaet/Syst/Dogmatik%20II%20Skriptum.pdf (S 31) (2.6.2019)
[33] Es ist tatsächlich nicht nur die Meinung von ein paar katholischen Theologen, sondern ein Dogma, dass der Kirche nicht nur Heilige angehören, sondern auch Sünder! In der Liste der 245 Dogmen findet man es unter der Nummer 150 https://gloria.tv/article/nLqm2Z7nv9k41yopAhDRBFuhy (16.6.2019).

ohnedies irgendwie Sein Wille. Zumindest hat Er es zugelassen, daher ist Er mitverantwortlich. Also ist doch alles in Ordnung! Nein, ist es nicht.

Wenn der Herr Jesus die Einheit in Seinem hohepriesterlichen Gebet im Licht der Heiligung verstanden wissen will, dann ist eine Ökumene von Kirchen, die keine Gemeindezucht üben, nicht die Einheit, die Er haben will. Er will Heilige, solche, die sich bemühen, die Sünde zu vermeiden (1.Joh 2,1). Ich will nicht in den Schuhen des zitierten Baptisten stecken, wenn der Herr Jesus ihm an jenem Tag sagen wird: „Du hättest mein Volk mit der Heiligung mehr stressen müssen! Wusstest du nicht, dass ich ein verzehrendes Feuer bin (Heb 12,29), der Gesetzlosigkeit verabscheut (Ps 45,8)? Du aber hast die Sünder geschont statt verwarnt. (Hes 3,17-21)" Ich bin nicht der Herr – aber so wie ich Ihn kenne, werden die Worte vielleicht noch schärfer ausfallen.

NICHT VON DIESER WELT

Ein weiteres Kennzeichen der Einheit ist, dass wir nicht mehr von der Welt sind, wie auch der Herr Jesus nicht von der Welt ist.

„Ich bitte für sie; nicht für die Welt bitte ich, sondern für die, welche du mir gegeben hast, weil sie dein sind. Und alles, was mein ist, das ist dein, und was dein ist, das ist mein; und ich bin in ihnen verherrlicht. Und ich bin nicht mehr in der Welt; diese aber sind in der Welt, und ich komme zu dir. Heiliger Vater, bewahre sie in deinem Namen, die du mir gegeben hast, damit sie eins seien, gleichwie wir!" (Joh 17,9-11).

Christen sind etwas Besonderes. Die Fürbitte unseres Herrn für die Einheit umschließt nicht etwa alle Menschen, sondern nur die, welche Ihm gegeben sind. Diese gehören nicht mehr zur Welt, sondern zum Herrn Jesus und dem himmlischen Vater. Auch wenn wir noch in der Welt sind, haben wir doch mit der Welt keine Gemeinschaft.

„Ich habe ihnen dein Wort gegeben, und die Welt hasst sie; denn sie sind nicht von der Welt, gleichwie auch ich nicht von der Welt bin. Ich bitte nicht, dass du sie aus der Welt nimmst, sondern dass du sie bewahrst vor dem Bösen. Sie sind nicht von der Welt, gleichwie auch ich nicht von der Welt bin. Heilige sie in deiner Wahrheit! Dein Wort ist Wahrheit. Gleichwie du mich in die Welt gesandt hast, so sende auch ich sie in die Welt." (Joh 17,14-18).

Die Beziehung der Welt zu Christen ist von Hass geprägt. Wenn es nicht so ist, machen wir irgendetwas falsch, etwas Grundlegendes:

„Wenn euch die Welt hasst, so wisst, dass sie mich vor euch gehasst hat. Wenn ihr von der Welt wärt, so hätte die Welt das Ihre lieb; weil ihr aber nicht von der Welt seid, sondern ich euch aus der Welt heraus erwählt habe, darum hasst euch die Welt." (Joh 15,18-19).

Was bedeutet dieser Hass konkret?

„Gedenkt an das Wort, das ich zu euch gesagt habe: Der Knecht ist nicht größer als sein Herr. Haben sie mich verfolgt, so werden sie auch euch verfolgen; haben sie auf mein Wort argwöhnisch achtgehabt, so werden sie auch auf das eure argwöhnisch achthaben. Aber das alles werden sie euch antun um meines Namens willen; denn sie kennen den nicht, der mich gesandt hat." (Joh 15,20-21).

Wir werden verfolgt, beargwöhnt und gehasst werden. Jedes Wort wird gegen uns verwendet werden – heute, im Zeitalter der *political correctness,* mehr denn je. Nie wurden Christen umfassender und heftiger verfolgt als jetzt. *Und der Welt ist es egal!* Als ein Attentat auf eine Moschee in Neuseeland verübt wurde, konnten die Medien nicht genug darüber berichten. Die Berichte über die Anschläge auf mehrere Kirchen am Ostersonntag auf Sri Lanka fielen eher teilnahmslos aus. Wer hört von den Massakern an den Christen in Nigeria durch die Terrorgruppe Boko Haram (d.h. übersetzt so viel wie Bildung ist Sünde[34])? Wann gibt es Sanktionen gegen China wegen deren Verfolgung von Christen? Die Nordkoreaner sind böse weil sie Atomtests

---

[34] Bzw. „westliche Bildung ist verboten" oder „Verwestlichung ist ein Sakrileg"
https://de.wikipedia.org/wiki/Boko_Haram#Name_und_Ideologie (18.6.2019)

machen; dass sie Christen in Arbeitslagern verrecken lassen, ist der Diplomatie der Welt kein verschämtes Hüsteln wert.

Ich will nicht lamentieren, denn dass wir gehasst werden, gehört *untrennbar* zur christlichen Berufung. Ich will lediglich zeigen, wie wahr die Worte des Herrn sind: Die Welt hasst uns. Und da trifft sich Papst Franziskus zu ökumenischen Gesprächen mit dem Islam? Da will ein homosexueller Superintendent mit Moslems Dialoge führen? Das zeigt, dass *beide* nicht verstanden haben, was der Herr in Johannes 17 betete. Die Ökumenischen Visionen gehen bei ihnen schon weit über die Einheit der Christen hinaus; sie sind bereit, jeden Antichristen zu umarmen. „Chrislam" ist das Stichwort, und auch manche Freikirchen liebäugeln mit dem neuen Trend:

„Am Sonntag, den 17. Juli 2012, ist in Kamp-Lintfort ein Fernsehgottesdienst der Baptisten geplant, in dem Muslime mitwirken sollen. Es werden Texte aus der Bibel und dem Koran zum Thema Barmherzigkeit vorgelesen. Nach Protest des Geschäftsführers des Christlichen Medienverbundes KEP, Wolfgang Baake, konkretisieren die Baptisten, es werde nur eine Stelle aus dem Koran zitiert, der auch „Christen jeglicher Glaubensprägung zustimmen können, ohne ihren Glauben zu verleugnen." Es sei „die Achtung der Menschen wichtig, die einen anderen Glauben vertreten." In einer weiteren Email verweist die Bundesgeschäftsstelle der Baptisten auf den Verhaltenskodex der Weltweiten Ev. Allianz, an dem auch Prof. Schirrmacher mitgewirkt hat:

„Das christliche Zeugnis in einer multireligiösen Welt – Empfehlungen für einen Verhaltenskodex" betont den Auftrag der Christen, von ihrem Glauben Zeugnis abzulegen. Dieses geschieht

aber nicht „von oben herab", sondern in einem Dialog auf Augenhöhe. So heißt es in den Grundlagen u.a.: „4. Christliches Zeugnis in einer pluralistischen Welt umfasst auch den Dialog mit Menschen, die anderen Religionen und Kulturen angehören (vgl. Apostelgeschichte 17,22-28)." Diesem Dialog weiß sich auch die Gemeinde Kamp-Lintfort mit ihrem Gottesdienst verpflichtet.

Darauf angesprochen distanziert sich Prof. Schirrmacher von einem Missbrauch des Verhaltenskodex." [35]

Das war bereits vor sieben Jahren. Heute feiern freikirchliche Christen mit ihren muslimischen Nachbarn deren Fastenbrechen mit.

„Kamp-Lintfort Um 21.38 Uhr, als die Sonne untergegangen war, brachen am Montag im Ratssaal 40 Muslime und Christen das Fasten im Ramadan. Nach dem Verspeisen von Datteln versammelten sich die Männer im Besprechungsraum neben dem Ratssaal zu einem Gebet unter Leitung von Mustafa Klanco, dem Imam der Bosnisch-Islamischen Gemeinde an der Haarbeckstraße.

"Unsere Religionen sind verschieden", sagte er später. "Erst durch die Verschiedenartigkeit entsteht ein Bild, wie ein Garten mit vielen bunten Blumen." Er gehörte 1997 zu den Gründern des Theologenkreises, in dem Pfarrer der evangelischen, katholischen, freikirchlichen, muslimischen und bosnisch-islamischen Gemeinden sich regelmäßig treffen.

In dieser Gruppe entstand die Idee, ein "Iftar" ins Leben zu rufen, wie das Fastenessen auf Arabisch heißt. 1997 fand es erstmals

---

[35] https://zeltmacher.eu/beten-auch-die-christen-zu-allah/
(1.6.2019)

statt. Meistens organisiert eine Gemeinde das Iftar und lädt dazu ein, zum Beispiel vor einem Jahr die islamische Gemeinde Malazgirt an der Franzstraße. Diesmal war es keine Gemeinde, sondern die Stadt mit Bürgermeister Christoph Landscheidt, wie bereits einmal 2008, damals auf dem Kamper Berg. "Das Fastenbrechen ist ein Zeichen für gelebte Gastfreundschaft", unterstrich er am Montagabend. "Es hilft, das friedliche Miteinander zu fördern. Die verschiedenen religiösen Gruppen empfinden sich gegenseitig als Bereicherung." Er wünschte sich, die Vertreter der religiösen Gruppen sollten sich in den Parteien und Fraktionen einbringen. Dies sei besser, als über einen Integrationsrat parallele Strukturen zu den Ausschüssen und zum Rat aufzubauen." [36]

Wer seine Religion als eine Blume unter vielen anderen im Garten sieht, der sieht alle Religionen auf einer Stufe, der ist aber nicht nur in sondern auch von der Welt. Es sollte nicht nötig sein, darauf zu verweisen, dass der Islam …

- zentrale Lehren des christlichen Glaubens wie die Gottessohnschaft Jesu, Seinen Tod und Seine Auferstehung dezidiert ablehnt,
- Konvertiten vom Islam zum Christentum zum Tod verurteilt,
- keine Gnade und Gewissheit des Heils kennt,
- eine Weltherrschaft von Allah (und das ist weder Gott-Vater noch Jesus!) auf Erden

---

[36] https://rp-online.de/nrw/staedte/kamp-lintfort/fastenbrechen-gelebte-freundschaft_aid-23115735 (1.6.2019)

errichten will.[37] Jesu Reich ist aber nicht von dieser Welt!

• Andersgläubige in islamischen Ländern klar schlechterstellt.

Noch viel könnte man erwähnen, aber es genügt, um zu demonstrieren, wie blind man sein muss, wenn man den christlichen Glauben auf eine Stufe *damit* stellt und meint, man könne einander auf Augenhöhe begegnen. Es ist aber wichtig zu sehen: Während *dieselben,* welche Ökumene bewerben, auf der ersten Ebene versuchen, Christen „unverbindlich" und ohne dass sie viel ändern müssten, einfach zur Einwilligung in gegenseitige Anerkennung und Gemeinschaft zu bewegen, knüpfen sie auf der zweiten Ebene bereits die interreligiösen Fäden hin zu einer Welteinheitsreligion, passend für die Welteinheitsregierung, die Schritt um Schritt vor unseren Augen aufgebaut wird – beginnend beim neuen Turm von Babel, dem diesem architektonisch nachempfunden Europaparlament in Straßburg.

Das aber ist eine Einheit *in* dieser Welt und *von* dieser Welt. Der Herr Jesus will keine Einheit der Seinen mit der Welt. Der Aufruf ist klar und unmissverständlich:

„Zieht nicht in einem fremden Joch mit Ungläubigen! Denn was haben Gerechtigkeit und Gesetzlosigkeit miteinander zu schaffen? Und was hat das Licht für Gemeinschaft mit der Finsternis? Wie stimmt Christus mit Belial überein? Oder was hat der Gläubige gemeinsam mit dem Ungläubigen? Wie stimmt der Tempel Gottes mit Götzenbildern überein? Denn ihr seid ein Tempel des

---

[37] Das islamische Mittel zum Zweck ist übrigens die Unterwerfung (wörtliche Übersetzung von Islam)

lebendigen Gottes, wie Gott gesagt hat: »Ich will in ihnen wohnen und unter ihnen wandeln und will ihr Gott sein, und sie sollen mein Volk sein«. Darum geht hinaus von ihnen und sondert euch ab, spricht der Herr, und rührt nichts Unreines an! Und ich will euch aufnehmen, und ich will euch ein Vater sein, und ihr sollt mir Söhne und Töchter sein, spricht der Herr, der Allmächtige." (2.Kor 6,14-18).

Christus stimmt auch nicht mit Buddha, Mohammed oder der EU überein. Haben wir es gelesen? Wir müssen uns von der Welt trennen, absondern, um Kinder Gottes zu werden. Das macht den Weg der wahren Einheit der Kinder Gottes besonders schmal, denn von der Absonderung von der Welt hört man fast nirgendwo mehr einen Muckser. Darum noch ein paar Texte, um es nachdrücklich ins Bewusstsein zu rücken:

„Und noch mit vielen anderen Worten gab er Zeugnis und ermahnte und sprach: Lasst euch retten aus diesem verkehrten Geschlecht!" (Apg 2,40).

Die Beurteilung der Gesellschaft, in der wir leben, als verkehrt, und dass man sich davon zu trennen hat, ist Teil der Pfingstpredigt des Petrus, aber fast nirgendwo Teil der Verkündigung heute. Wir können es uns nicht leisten, darauf zu verzichten.

„Und passt euch nicht diesem Weltlauf an, sondern lasst euch verwandeln durch die Erneuerung eures Sinnes, damit ihr prüfen könnt, was der gute und wohlgefällige und vollkommene Wille Gottes ist." (Röm 12,2).

Wir dürfen nicht länger so denken, reden und uns geben wie die Gesellschaft um uns herum. Unser ganzes

Denken, unsere Gesinnung und unser Wandel muss nach Gottes Willen ausgerichtet werden.

„Er hat uns errettet aus der Herrschaft der Finsternis und hat uns versetzt in das Reich des Sohnes seiner Liebe, in dem wir die Erlösung haben durch sein Blut, die Vergebung der Sünden." (Kol 1,13-14).

Die Welt ist kein neutraler Ort, sie ist unter der Herrschaft der Finsternis (bzw. des Satans – Apg 26,18). Wesentlicher Teil des Evangeliums vom Reich Gottes ist, dass wir aus dieser Herrschaft losgekauft sind und unter die Herrschaft Christi gekommen sind.

„Habt nicht lieb die Welt, noch was in der Welt ist! Wenn jemand die Welt lieb hat, so ist die Liebe des Vaters nicht in ihm. Denn alles, was in der Welt ist, die Fleischeslust, die Augenlust und der Hochmut des Lebens, ist nicht von dem Vater, sondern von der Welt. Und die Welt vergeht und ihre Lust; wer aber den Willen Gottes tut, der bleibt in Ewigkeit." (1.Joh 2,15-17).

Die Liebe Gottes ist eine eifersüchtige Liebe. Wir können nicht die Welt lieben und meinen, in Gottes Liebe zu leben. Jakobus ist noch schärfer:

„Ihr Ehebrecher und Ehebrecherinnen, wisst ihr nicht, dass die Freundschaft mit der Welt Feindschaft gegen Gott ist? Wer also ein Freund der Welt sein will, der macht sich zum Feind Gottes!" (Jak 4,4).

Mir ist völlig bewusst, dass kein evangelischer oder katholischer Christ je mit diesen Stellen konfrontiert wurde, geschweige denn mit solcher Wucht und diesem Nachdruck; auch den meisten Freikirchlern werden diese „Perlen" aus Gottes Wort vorenthalten, weil man sich auch dort vorzugsweise auf das Kuschelevangelium der billigen Gnade geeinigt hat. Wo das Reich Gottes nicht gepredigt wird, wird auch nicht von der Absonderung geredet, denn beides geht Hand in Hand und bedingt einander.

Wo das Reich Gottes nicht gepredigt wird, wird auch nicht davon gesprochen, dass Freundschaft mit der Welt *automatisch* Feindschaft mit Gott bedeutet. Es kann keine Einheit zwischen den beiden Seiten geben.

Die Einheit, die Christus will, ist die Gemeinschaft der Heiligen, die von der Welt abgesondert in Seinem Reich, unter Seiner Herrschaft zu leben bereit sind. Das ist das glatte Gegenteil aller ökumenischen Bestrebungen, denn es grenzt ab und aus. Wer unheilig ist und gottlos, hat hier keinen Platz, auch wenn er zehn Bischofshüte tragen würde und in der Welt höchst angesehen wäre.

NEBENSCHAUPLÄTZE DER ÖKUMENISCHEN DISKUSSIONEN

Um es kurz zu halten, bin ich auf viele bekannte Stolpersteine der Ökumene nicht eingegangen. Dazu gehören das Papsttum bei den Katholiken, die Frauenordination bei den Evangelischen und vielen Freikirchlern, das Sola Fide und Sola Scriptura der Protestanten, die „allerseligste Jungfrau und Gottesmutter Maria", das Messopfer, die historisch-kritische Theologie im Detail, die Frage des Wehrdienstes und der Eidverweigerung, die Frage des Weihepriestertums oder der akademischen Pastorenausbildung, etc.

All das wären spannende Themen, die aber nicht gelöst werden können, wenn die *grundlegenderen* Fragen, die ich oben erörtert habe, nicht behandelt sind. Wer das Evangelium vom Reich Gottes verstanden hat, der wird sich absondern und die bestehenden Kirchen mit ihren Riten und Zusätzen ohnedies ehebaldigst verlassen; rasch wird Gottes Geist ihm durch Sein Wort zeigen, dass es schon einmal eine Himmelskönigin in Gottes Volk gab, deren Verehrung Gott alles andere als charmant fand:

*„Und Jeremias sagte zum Volk und zu den Frauen: Hört das Wort des Herrn: So hat der Herr, der Gott Israels, gesprochen: Ihr Frauen habt mit eurem Mund geredet und mit euren Händen vollbracht, als ihr sagtet: »Gewiss werden wir unsere Gelübde erfüllen, die wir gelobt haben, der **Königin des Himmels** Weihrauch zu opfern und ihr Trankopfer auszugießen.« — Gewiss habt ihr eurer Gelübde gedacht und gewiss habt ihr (sie) erfüllt! Deshalb, hört das Wort des Herrn, ganz Juda, die in*

Ägypten wohnen: Siehe, ich habe bei meinem großen Namen geschworen, sprach der Herr, dass mein Name nicht länger im Mund von ganz Juda sein soll, sodass man sagt: »Es lebt der Herr«; dies gilt für das ganze Land Ägypten." (Jer 51,24-26 LXX).

Wie kann man angesichts dieser Vorgeschichte Maria den Titel Himmelskönigin zusprechen? Dass dies letztlich dem Herrn Jesus die Ehre und Majestät raubt, wird jedem rasch klar, der das Evangelium verstanden und begonnen hat, Christus als seinem Herrn und König nachzufolgen.

Ebensowenig muss man viele Worte über die Anrede „Heiliger Vater" oder andere klerikale Titel machen, sobald man gelernt hat, das Wort Gottes für sich sprechen zu lassen:

„Die Schriftgelehrten und Pharisäer haben sich auf Moses Stuhl gesetzt. Alles nun, was sie euch sagen, dass ihr halten sollt, das haltet und tut; aber nach ihren Werken tut nicht, denn sie sagen es wohl, tun es aber nicht. Sie binden nämlich schwere und kaum erträgliche Bürden und legen sie den Menschen auf die Schultern; sie aber wollen sie nicht mit einem Finger anrühren. Alle ihre Werke tun sie aber, um von den Leuten gesehen zu werden. Sie machen nämlich ihre Gebetsriemen breit und die Säume an ihren Gewändern groß, und sie lieben den obersten Platz bei den Mahlzeiten und die ersten Sitze in den Synagogen und die Begrüßungen auf den Märkten, und wenn sie von den Leuten »Rabbi, Rabbi« genannt werden. Ihr aber sollt euch nicht Rabbi nennen lassen, denn einer ist euer Meister, der Christus; ihr aber seid alle Brüder. Nennt auch niemand auf Erden euren Vater; denn einer ist euer Vater, der im Himmel ist. Auch sollt ihr euch

nicht Meister nennen lassen; denn einer ist euer Meister, der Christus." (Mat 23,1-10).

Wer durch Gottes Geist erleuchtet ist, der wird auch ohne Widerrede erkennen, dass es Gottes Gebot ist, dass eine Frau nicht in der Gemeinde lehren soll:

„Eure Frauen sollen in den Gemeinden schweigen; denn es ist ihnen nicht gestattet zu reden, sondern sie sollen sich unterordnen, wie es auch das Gesetz sagt. Wenn sie aber etwas lernen wollen, so sollen sie daheim ihre eigenen Männer fragen; denn es ist für Frauen schändlich, in der Gemeinde zu reden. Oder ist von euch das Wort Gottes ausgegangen? Oder ist es zu euch allein gekommen? Wenn jemand glaubt, ein Prophet zu sein oder geistlich, der erkenne, dass die Dinge, die ich euch schreibe, Gebote des Herrn sind." (1.Kor 14,36-27).

Ein Jünger hat die Gesinnung, *in allem* nach Gottes Wort zu gehen. Er wird gerne Unterweisung in der Gemeinschaft der Heiligen annehmen, aber von jenen, die weltlich in ihrer Gesinnung, liberal und modernistisch in der Lehre sind, wird er nichts annehmen wollen.

Viele fruchtlose Diskussionen lähmen die Mission und das Wachstum der Gemeinde Jesu, weil man diese Dinge Menschen erklären will, die nie bereit waren, alles aufzugeben, um Christus nachzufolgen, die mehr oder minder fromme Kulturchristen sind, die wohl das Evangelium von der Sündenvergebung gerne hören und annehmen, aber das Evangelium Jesu Christi vom Reich Gottes kaum kennen. Mit diesen Nebenschauplätzen verzettelt man sich leicht und verliert viel Zeit.

VERSÖHNTE VIELFALT, DIE ÖKUMENISCHE MOGELPACKUNG

Nun ist es aber allen Beteiligten klar, dass keine Kirche oder Konfession auch nur im Mindesten daran denkt, die eigenen Positionen und Überzeugungen aufzugeben. Die offizielle Linie der katholischen Kirche sieht nur eine Möglichkeit, die Einheit wiederherzustellen: Alle „Schismatiker" müssen reuevoll in den Schoß der Kirche unter den Papst zurückkehren:

„Das Ziel der Ökumene muss die sichtbare Einheit, manifestiert im gemeinsamen Glauben, in den Sakramenten und Weiheämtern, sein."[38]

Die protestantischen Kirchen sehen das naturgemäß ganz anders:

„Diese Gemeinschaften hätten sich von der sichtbaren Einheit, der sich im gemeinsamen Glauben, in den Sakramenten und Weiheämtern manifestiert, verabschiedet, und verstehen Einheit nur noch, als "Anerkennung aller kirchlichen Realitäten" die es gibt und die Summe aller dieser "Kirchentümer" wäre dann die "Eine Kirche", wie das im Protestantismus gelebt wird. Er gibt zu bedenken, dass man sich so weiter von einander entfernt, als man gewesen sei."[39]

Als Außenstehender kann man hier nur kopfschüttelnd feststellen, dass das nie etwas werden kann, wenn beide unter Ökumene etwas völlig anderes verstehen. Darum

---

[38] http://www.kathpedia.com/index.php?title=Ökumene (9.6.2019)
[39] Ebda.

überrascht es nicht (oder doch?), dass die katholische Kirche *kein* Mitglied im Ökumenischen Rat der Kirchen (bzw. Weltkirchenrat) ist. Warum? Weil dieser für die Vision einer „versöhnten Verschiedenheit" eintritt, die katholische Kirche jedoch für ein Ende aller Spaltungen und die Einheit in einer Kirche unter dem einen Papst. Beide Ziele sind einander diametral entgegengesetzt.

Nur sagt das niemand laut, und offiziell führt man weiterhin freundliche Gespräche, über die sich aber keiner der Beteiligten wirklich Illusionen macht. Es ist lediglich ein Politikum, hinter dessen Kulissen längst andere Ziele verfolgt werden, nämlich der interreligiöse Dialog mit allen Weltreligionen und gute medienwirksame, politisch korrekte Stimmung.

An der Basis aber wird versucht Ökumene zu leben, und zwar im Sinne dieser „versöhnten Verschiedenheit". Darauf soll nun eingegangen werden, denn den meisten ist die skizzierte Maximalforderung der völligen kirchlichen Einheit unbekannt und sie verstehen unter Ökumene ohnedies nur die versöhnte Verschiedenheit. Initiativen wie der Runde Tisch in Österreich setzen sich leidenschaftlich für Versöhnung zwischen den Konfessionen ein und machen Veranstaltungen, wie etwa die Eröffnung des Huttererparks 2014 in Innsbruck, wo katholische Bischöfe und der evangelische Superintendent für die Verfolgung der nach Jakob Hutter „Hutterer" genannten österreichischen Täufer im 16. Jahrhundert offiziell um Verzeihung baten. Der Abgesandte der Hutterer, Edward Kleinsasser, wusste nicht so recht, was er da vergeben sollte, war das alles doch so lange her und hatten sie als Gemeinschaft doch selbst keinen Groll darüber behalten – sie wussten ja, dass es zur Nachfolge gehört, von der Welt gehasst zu werden und dass man den Verfolgern nach dem Beispiel Christi vergeben muss.

Es war eine versöhnliche Geste, gut gemeint und auch gar nichts Schlechtes. Und weiter? Jetzt gibt es ein Mahnmal in einem Innsbrucker Park am Inn, wie es tausende andere Mahnmäler gibt. Doch sind Hutterer und Katholiken jetzt versöhnt? Was hieße das?

Vergebung und Versöhnung sind zwei Paar Schuhe. Vergeben kann man jedes Unrecht, auch ohne Schuldeinsicht des Täters. Das ist von Christus auch so geboten und wirklich entscheidend für die Seelenhygiene einerseits, aber auch dafür, dass Gott uns vergibt (Mat 6,14-15). Versöhnung bedeutet aber die Wiederherstellung der Einheit, indem Getrenntes wieder vereint wird, etwa wenn ein geschiedenes Ehepaar wieder zusammenfindet. Die geschiedenen Ehepartner können (und sollen) einander vergeben; aber von Versöhnung kann man erst sprechen, wenn ihre Ehe wiederhergestellt ist (vgl. 1.Kor 7,11).

Versöhnte Verschiedenheit ist also eine Mogelpackung, indem man den so starken Begriff „Versöhnung" aufweicht und einander so annimmt und stehen lässt, wie der andere eben ist. Die Katholiken sollen die Hutterer anerkennen und die Hutterer die Katholiken – alles ist gut. Nur dass das eben nicht stimmt! Die Hutterer erkennen die Katholiken weiterhin nicht als die Gemeinde an, die der Herr Jesus zu Pfingsten gegründet hat; und nach dem katholischen Verständnis sind und bleiben die Hutterer außerhalb des katholischen Glau-

bens, der heilsnotwendigen Sakramente und der Weihe-
ämter. Da nach dem katholischen Glauben die Gnade
Gottes sakramental durch die geweihten Priester ver-
mittelt wird, ließe es sich dogmatisch gar nicht recht-
fertigen, den Hutterern das Heil zuzusprechen, zumal
sie viele der Dogmen, die zu glauben die katholische
Kirche als *heilsnotwendig* definiert hat, dezidiert ablehnen.
Allein die Zugehörigkeit zur katholischen Kirche ist laut
deren Dogmen heilsnotwendig.[40] In seiner Enzyklika
Mystici Corporis aus dem Jahr 1943 zeigt sich Pius XII.
aufrichtig besorgt um solche, die außerhalb der Kirche
stehen:

„Alle jene und jeden einzelnen von ihnen laden Wir mit liebendem
Herzen ein, den inneren Antrieben der göttlichen Gnade freiwillig
und freudig zu entsprechen und sich aus einer Lage zu befreien, in
der sie des eigenen ewigen Heiles nicht sicher sein können (Pius
IX, Iam vos omnes, 13 Sept. 1868: Act. Conc. Vat., C. L.
VII, 10). Denn mögen sie auch aus einem unbewußten Sehnen
und Wünschen heraus schon in einer Beziehung stehen zum mys-
tischen Leib des Erlösers, so entbehren sie doch so vieler wirksa-
men göttlichen Gaben und Hilfen, deren man sich nur in der
katholischen Kirche erfreuen kann. Möchten sie also eintreten in
den Kreis der katholischen Einheit und alle, mit uns in der
gleichen Gemeinschaft des Leibes Jesu Christi geeint, an das eine
Haupt sich wenden in ruhmreicher Liebesverbundenheit (Gelas.
I, Epist. XIV: Migne, P.L. LIX, 89). In unablässigem Flehen
zum Geiste der Liebe und der Wahrheit erwarten Wir sie mit

---

[40] Dogma 153 in schon erwähnter Liste auf gloria.tv
https://gloria.tv/article/nLqm2Z7nv9k41yopAhDRBFuhy

ausgebreiteten Armen, nicht als Fremde, sondern als solche, die in ihr eigenes Vaterhaus heimkehren."[41]

Das hat sich auch mit dem zweiten Vatikanischen Konzil nicht geändert, weil dieses ja alle vorangegangenen lehramtlichen Äußerungen bestätigt hat. Lediglich die Sprache wurde diplomatischer:

„Die Einheit aller Christen wiederherstellen zu helfen ist eine der Hauptaufgaben des Heiligen Ökumenischen Zweiten Vatikanischen Konzils. Denn Christus der Herr hat eine einige und einzige Kirche gegründet, und doch erheben mehrere christliche Gemeinschaften vor den Menschen den Anspruch, das wahre Erbe Jesu Christi darzustellen; sie alle bekennen sich als Jünger des Herrn, aber sie weichen in ihrem Denken voneinander ab und gehen verschiedene Wege, als ob Christus selber geteilt wäre. Eine solche Spaltung widerspricht aber ganz offenbar dem Willen Christi, sie ist ein Ärgernis für die Welt und ein Schaden für die heilige Sache der Verkündigung des Evangeliums vor allen Geschöpfen." (aus dem Konzilsdekret über die Ökumene Unitatis Redintegratio).[42]

Auch wenn man vorgibt, voneinander lernen zu wollen, bleibt das Ziel seitens der katholischen Kirche unverrückbar. Die Heuchelei wird aber perfekt, wenn Papst Franziskus in einer evangelischen Kirche mit dem Begriff der versöhnten Verschiedenheit um die Ökumene wirbt:

---

[41] http://w2.vatican.va/content/pius-xii/de/encyclicals/documents/hf_p-xii_enc_29061943_mystici-corporis-christi.html (10.6.2019)
[42] http://www.kathpedia.com/index.php?title=Ökumene (9.6.2019)

„Ich kann mich fragen: Aber wir, Lutheraner und Katholiken, auf welcher Seite werden wir (beim Jüngsten Gericht) sein, rechts oder links? Es hat hässliche Zeiten unter uns gegeben, nicht wahr? Denken Sie an unsere gegenseitigen Verfolgungen, obwohl wir doch dieselbe Taufe haben. Denken Sie an so viele lebendig Verbrannte. Wir müssen einander dafür um Verzeihung bitten, für den Skandal der Spaltung... Heute haben wir zusammen gebetet – Beten für die Armen, für die Bedürftigen, uns gegenseitig lieben mit wahrer, brüderlicher Liebe. 'Aber Pater, wir sind verschieden, denn unsere Dogmatik-Bücher sagen das eine und Ihre Dogmatik-Bücher das andere...' Aber einer der Großen unter Ihnen hat einmal gesagt, das sei die Stunde der versöhnten Verschiedenheit. Bitten wir heute um diese Gnade, die Gnade dieser versöhnten Verschiedenheit im Herrn. " [43]

Das ist aus mehreren Gründen bemerkenswert:

- Erstens ist es unehrlich, weil sämtliche dogmatisch unverrückbaren Aussagen zur Ökumene die Rückkehr in den Schoß der katholischen Kirche vorsehen.
- Zweitens relativiert er vor dem protestantischen Publikum die Dogmen und damit das unfehlbare Lehramt seiner Kirche, wozu er kirchenrechtlich gar nicht befugt ist – solche Gratwanderungen bringen ihm kirchenintern sehr viel Kritik ein.
- Drittens stellt er in diesem dogmatischen Relativismus die Liebe über die Wahrheitsfrage – ich erinnere an die Einleitung zu diesem Buch: die Liebe freut

---

[43] Ebda.

sich an der Wahrheit! Sie stellt sie also weder in Frage, noch relativiert sie die Wahrheit.

Diese diplomatische Rede ist mit dem Heiligen Geist der Wahrheit (Joh 14,17) also völlig unvereinbar und verschleiert die Wirklichkeit. Gerade weil es so angenehm, so versöhnlich klingt, ist es so verführerisch, weil die Wahrheitsfrage nach außen hin bewusst ausgespart wird, um die Zuhörer auf der emotionalen Ebene zu gewinnen („Ökumene der Herzen").

Versöhnte Verschiedenheit ist nämlich das protestantische Ziel der Ökumene, nicht das katholische: lassen wir doch die Unterschiede stehen, konzentrieren wir uns auf das Wesentliche – etwa das apostolische Glaubensbekenntnis. Aber selbst das glauben führende Vertreter vieler protestantischer Kirchen ja gar nicht mehr! Wir haben auf den letzten ca. 80 Seiten viele Beispiele gesehen, die für die Ökumene echte Stolpersteine darstellen. Eine Einheit im Sinne der katholischen Vision ist undenkbar und wird von allen anderen abgelehnt.

Es geht bei dieser Ökumene der versöhnten Verschiedenheit um ein anderes Ziel: Alle Gemeinschaften sollen alle anderen Konfessionen und Kirchen als gleichrangige Glieder des einen unsichtbaren Leibes Christi anerkennen und aufhören damit (a) die anderen zu kritisieren und (b) Mitglieder voneinander abzuwerben (Proselytismus).

Sachliche Kritik an Lehre und Praxis anderer Kirchen ist seitens des Ökumenischen Rats der Kirchen ausdrücklich verpönt:

„Unfaire Kritik an den oder Karikierung der Lehren, Überzeu-
gungen und Bräuche einer anderen Kirche, ohne dass der Versuch
unternommen wird, zu verstehen oder einen Dialog über diese
Fragen aufzunehmen. Menschen, die Ikonen verehren, werden
beschuldigt, Götzenbilder anzubeten; andere werden verspottet
wegen ihrer angeblich abgöttischen Verehrung Marias und der
Heiligen oder verurteilt, weil sie für die Toten beten.“ [44]

Kritik wird als unfair verstanden, wenn man den Ein-
druck hat, der andere hat gar nicht verstanden, was man
meint – und ja, hier ist in der Kritik eine Sorgfaltspflicht
gegeben. Aber das heißt nicht, dass Kritik nicht erlaubt
sei, oder dass sie gar nicht satirisch oder spöttisch sein
darf, denn gerade die Bibel gibt viele Beispiele dafür, wie
die Propheten das als lächerlich darstellen, was tatsächlich lächerlich ist. Ein Beispiel zu den im Text ange-
führten Götzenbildern aus dem Propheten Jesaja:

„Mit wem habt ihr den Herrn verglichen, und welchem Abbild
habt ihr ihn gleich gemacht? Hat etwa ein Künstler ein Bild
geschaffen, oder hat ein Goldgießer Gold gegossen und es mit Gold
überzogen, hat er es als ein Abbild geschaffen? Ja, nichtfaulendes
Holz wählt ein Künstler aus, und klug sucht er danach, wie er
sein Bild aufstellen soll, und zwar so, dass es nicht wackelt.“ (Jes
40,18-20 LXX).

Als ich in einem Video sah, wie eine Marienstatue in
einer Prozession durch die Straßen getragen wurde,
wackelte, das Gleichgewicht verlor und krachend zu Bo-
den fiel, musste ich an dieses Spottwort von Jesaja

---

denken. Schlimmer noch: Als ich eine Hindu-Prozession sah, wo sie ihre Götter ebenfalls herumtrugen, musste ich an dieses Video denken und feststellen, dass *eigentlich* von außen betrachtet hier kein Unterschied in der Ausübung der Frömmigkeit erkennbar ist. Alle Protestanten lehnen den Marienkult und die Bilderverehrung grundsätzlich ab, hier aber, im protestantisch dominierten Weltkirchenrat, soll dies außer Streit gestellt werden? Können wir Gottes klares Gebot außer Streit stellen?

„Du sollst dir selbst kein Götzenbild machen noch ein Abbild von allem machen, was im Himmel oben und auf der Erde unten und in den Wassern unterhalb der Erde ist. Du sollst sie nicht anbeten, und du sollst ihnen keinesfalls dienen, denn ich bin der Herr, dein Gott, ein eifernder Gott, der Sünden von Vätern an Kindern bis in die dritte und vierte Generation denen vergilt, die mich hassen, und der Erbarmen übt an Tausenden von Generationen, die mich lieben und meine Anordnungen einhalten." (Ex 20,4-6 LXX).

Dieses Gebot ist so leicht zu verstehen, dass es in der katholischen Kurzfassung der zehn Gebote ausgelassen wurde,[45] wohl damit das Kirchenvolk nicht irritiert wird. Dafür wurde das 10. Gebot auf zwei aufgeteilt. Darum kennen viele Katholiken dieses Gebot nicht, denn sonst wäre *jedem* klar, dass man weder Bilder und noch

---

[45] Tatsache! Wie etwa hier auf der Homepage der Erzdiözese Wien: https://www.erzdioezese-wien.at/site/glaubenfeiern/christ/unserglaube/10gebote (9.6.2019) - in der Erklärung, wenn man die Links zu den Geboten anklickt, wird das Bilderverbot zwar erwähnt, aber dank der Aufhebung des Modernisteneides kann man das jetzt ganz elegant mit der Methode der historisch-kritischen Ideologie „erklären".

Schnitzbilder von Gott, Maria oder irgendwelchen Heiligen machen dürfte. Das Wort, das für anbeten verwendet wird *(proskyneo)*, heißt eigentlich, die Knie davor beugen – was jeder Katholik vor solchen Abbildungen ja macht. Ist es unfair darauf hinzuweisen, dass die katholische Kirche hier eines der zehn Gebote bricht und dies verschleiert, indem sie es für die Laien „unsichtbar" gemacht hat?

Der Ökumenische Rat der Kirche spricht sich auch äußerst bestimmt gegen alles Proselytenmachen aus:

„Die ökumenische Bewegung und der Ökumenische Rat der Kirchen haben dem gemeinsamen Zeugnis und der Einheit der Kirchen seit jeher Priorität beigemessen; und Proselytismus als Skandal und Gegenzeugnis angesehen. Ökumenische Stellungnahmen haben wiederholt auf die Notwendigkeit einer deutlicheren Praxis verantwortlicher Beziehungen in der Mission, eines engagierteren Eintretens für ein Zeugnis in Einheit und einer Absage an alle Formen des Proselytismus hingewiesen. ... Das Problem des Proselytismus wird erneut, als einer der trennenden Hauptfaktoren für die Spaltung der Kirchen, und als eine Bedrohung der ökumenischen Bewegung angesprochen. ... Die gegenseitige Anerkennung der Taufe (wie sie in dem Text des ÖRK zu "Taufe, Eucharistie und Amt" ausgedrückt wird) ist die Grundlage für die christliche Einheit und das gemeinsame Zeugnis. "[46]

Es ist also ein Skandal, wenn etwa eine taufgesinnte Gemeinde einem lutherischen Christen erklärt, dass selbst der junge Luther dessen Taufe als ein Gaukelwerk bezeichnet hat und diesen zur biblisch bezeugten Glaubenstaufe führt. Ich selbst wurde mit 18 Jahren so

---

[46] Ebda.

aus der evangelischen Kirche abgeworben und habe seither auch dazu beigetragen, dass andere zur biblischen Taufe geführt wurden, was geradezu zwangsläufig auch zur Trennung von der vorigen Kirche führte. Ein Skandal? Ich habe das Evangelium gehört, geglaubt und ihm gehorcht! Wenn das ein Skandal ist, dann ist das Evangelium selbst skandalös, welches alleine die Taufe aufgrund von Glauben und Umkehr lehrt.

Versöhnte Vielfalt gibt es also nur, wenn man alles außer Streit stellt, was der Herr geboten hat, von den verschiedenen Kirchen aber missachtet, verdreht oder auch nur missverstanden wurde. Das aber kann nicht im Sinne des Herrn Jesus sein, dem es zur Einheit keineswegs genügt, Seinen Namen mehr oder minder richtig auszusprechen und das Glaubensbekenntnis aufzusagen. Der Herr Jesus erwartet viel mehr:

„So geht nun hin und macht zu Jüngern alle Völker, und tauft sie auf den Namen des Vaters und des Sohnes und des Heiligen Geistes und lehrt sie alles halten, was ich euch befohlen habe.“ (Mat 28,19-20).

„Was nennt ihr mich aber »Herr, Herr« und tut nicht, was ich sage?“ (Lk 6,46).

„Da sprach Jesus zu den Juden, die an ihn glaubten: Wenn ihr in meinem Wort bleibt, so seid ihr wahrhaftig meine Jünger, und ihr werdet die Wahrheit erkennen, und die Wahrheit wird euch frei machen!“ (Joh 8,31-32).

„Und wir sind seine Zeugen, was diese Tatsachen betrifft, und auch der Heilige Geist, welchen Gott denen gegeben hat, die ihm gehorchen.“ (Apg 5,32).

Wir sehen, wie sehr betont wird, dass wir allem gehorchen müssen, was der Herr geboten hat. Die Taufe zu verändern und entgegen ihrem biblischen Sinn Säuglinge zu taufen, ist ein schweres Vergehen gegen das Wort des Herrn. Sich Bilder zu machen und vor diesen die Knie zu beugen, ist ein schwerwiegender Bruch eines der zehn Gebote. Dazu können wir nicht schweigen, weil der Herr Jesus am Tag des Gerichts auch nicht dazu schweigen wird.

„Nicht jeder, der zu mir sagt: Herr, Herr! wird in das Reich der Himmel eingehen, sondern wer den Willen meines Vaters im Himmel tut." (Mat 7,21).

Christus hat die Apostel mit Seiner Lehre ausgesandt, auf der die Gemeinde Jesu aufgebaut ist. Von der apostolischen Lehre darf nicht abgewichen werden:

„So seid ihr nun nicht mehr Fremdlinge ohne Bürgerrecht und Gäste, sondern Mitbürger der Heiligen und Gottes Hausgenossen, auferbaut auf der Grundlage der Apostel und Propheten, während Jesus Christus selbst der Eckstein ist, in dem der ganze Bau, zusammengefügt, wächst zu einem heiligen Tempel im Herrn, in dem auch ihr miterbaut werdet zu einer Wohnung Gottes im Geist." (Eph 2,19-22).

„Oder ist von euch das Wort Gottes ausgegangen? Oder ist es zu euch allein gekommen? Wenn jemand glaubt, ein Prophet zu sein oder geistlich, der erkenne, dass die Dinge, die ich euch schreibe, Gebote des Herrn sind." (1.Kor 14,36-37).

„Geliebte, da es mir ein großes Anliegen ist, euch von dem gemeinsamen Heil zu schreiben, hielt ich es für notwendig, euch mit der Ermahnung zu schreiben, dass ihr für den Glauben kämpft, der den Heiligen ein für allemal überliefert worden ist." (Jud 1,3).

„Fürwahr, ich bezeuge jedem, der die Worte der Weissagung dieses Buches hört: Wenn jemand etwas zu diesen Dingen hinzufügt, so wird Gott ihm die Plagen zufügen, von denen in diesem Buch geschrieben steht; und wenn jemand etwas wegnimmt von den Worten des Buches dieser Weissagung, so wird Gott wegnehmen seinen Teil vom Buch des Lebens und von der heiligen Stadt, und von den Dingen, die in diesem Buch geschrieben stehen." (Offb 22,18-19).

Das sagt der Herr, dass dies die Grundlage aller Einheit sein muss. Wir dürfen über die Lehre der Apostel nicht hinausgehen. Nun aber sind letztlich alle Kirchen und Gemeinschaften – ich sage ausdrücklich *alle* – mehr oder weniger weit davon abgewichen. Viele soweit, dass man darin das Evangelium vom Reich Gottes gar nicht mehr hört, sodass man durchaus fragen muss, ob man mit deren anderen Evangelien errettet werden kann.

Alle zurück unter den Papst? Kaum eine Kirche ist doch weiter weg vom Wort Gottes, und die Behauptung der Papst sei der Stellvertreter Christi auf Erden ist eine Anmaßung. Also doch „versöhnte Verschiedenheit"? Versöhnte Verschiedenheit ist eine Verhöhnung Christi, die Ihn als König und Gesetzgeber absetzt und geradezu zwingt, unsere zahllosen Alternativkirchen als die Seine anzuerkennen!

Weder noch! Der Weg zur Einheit der Christen führt einzig und allein über eine vollständige und radikale Umkehr. Der Weg ist schmal, und nur wenige werden ihn gehen; aber dieser Weg führt zum ewigen Leben.

WAHRES CHRISTSEIN
SIEHT ANDERS AUS

Selbst die treuesten Gemeinden weist der Herr Jesus scharf zurecht, wenn sie vom Weg abweichen. Er schmälert keineswegs das Gute, das sie getan haben, aber er stellt ihnen die Konsequenzen klar vor Augen, die sie treffen werden, wenn sie nicht umkehren. An Ephesus richtet Er folgende Worte:

„Ich kenne deine Werke und deine Bemühung und dein standhaftes Ausharren, und dass du die Bösen nicht ertragen kannst; und du hast die geprüft, die behaupten, sie seien Apostel und sind es nicht, und hast sie als Lügner erkannt; und du hast Schweres ertragen und hast standhaftes Ausharren, und um meines Namens willen hast du gearbeitet und bist nicht müde geworden." (Offb 2,2-3).

Was der Herr Jesus Christus – *Er selbst* redet hier zu den Gemeinden! – lobt, wird heute kritisiert als Kritiksucht und Rechthaberei. Wer sich für die reine apostolische Lehre einsetzt und deutlich sagt, was Irrlehre ist, der spaltet in den Augen derer, die eine weltliche Ökumene vorantreiben. Die Epheser durchschauen diese Dialoge als ungöttliche Vermischung von gläubig und ungläubig, heilig und unheilig, als etwas, das nicht Gottes Wohlgefallen erlangen kann. Diese kritische Haltung ist mühsam und macht keinen Spaß, und sie kann dazu führen, dass man das Wesentliche übersieht. Genau das wirft der Herr ihnen vor, ohne das Lob zu schmälern:

„Aber ich habe gegen dich, dass du deine erste Liebe verlassen hast. Bedenke nun, wovon du gefallen bist, und tue Buße und tue

die ersten Werke! Sonst komme ich rasch über dich und werde
deinen Leuchter von seiner Stelle wegstoßen, wenn du nicht Buße
tust!" (Offb 2,4-5).

Über die erste Liebe wird immer wieder gepredigt, denn
es ist angenehm und geht leicht von der Zunge, von der
Liebe zu predigen. Da wird man viel Zustimmung erhalten, besonders wenn man die Liebe emotional auslegt:
habt die ersten Gefühle! Aber was sind die ersten
Werke? Darüber redet man deutlich weniger, und doch
ist die erste Liebe keine Liebe ohne die Werke, die diese
Liebe beweisen. Auf welchen Anfang soll man blicken?
Denken wir an die Anfänge der Gemeinde in Ephesus,
so sehen wir, dass sie in der Tauffrage keine Kom-
promisse machten, und Menschen, die nur die Johan-
nestaufe empfangen hatten, neu auf den Namen Jesu
tauften (Apg 19,1-7), täglich zur Lehre zusammenka-
men (Apg 19,9-10), die sich die Umkehr viel kosten
ließen (Apg 19,18-19) und missionarisch so aktiv waren,
dass ganz Kleinasien erreicht wurde (Apg 19,10).

Aber wir sollten auch auf den Anfang der Gemeinde
überhaupt blicken, auf die Gemeinde, die der Heilige
Geist zu Pfingsten schuf, an der sich alle Gemeinden
orientieren sollten. Jeder wahre geistliche Aufbruch in
der Geschichte blickte zurück nach Jerusalem und ver-
suchte, so gut als möglich, nachzuahmen, was sie dort
sahen. Es wurde Christus als Herr und König gepredigt
(Apg 2,36), es wurde die Taufe der Buße im Namen Jesu
zur Vergebung der Sünden praktiziert (Apg 2,38-41),
auch zur Absonderung von der Welt wurde aufgerufen
(Apg 2,40). Die Gemeinde hielt nicht nur an der Lehre
der Apostel, der Gemeinschaft, dem Brotbrechen und
den Gebeten fest (Apg 2,42), sie teilte all ihren Besitz

(Apg 2,44+4,32), sie kamen täglich zusammen und aßen miteinander (Apg 2,44-47).

Wenn ich diesem Kapitel den provokanten Titel „Wahres Christsein sieht anders aus" gegeben habe, so muss doch jeder zugeben, dass biblische Gemeinde völlig anders aussieht, als wir heute landläufig vor Augen haben. Es waren Hausgemeinschaften, die in Heiligung und Gütergemeinschaft lebten, als Antwort auf das Evangelium des Reiches Gottes, welchem sie durch ihr gemeinsames Leben (Ps 133) Ausdruck verliehen.

Wenn es uns wirklich um Einheit geht, dann *nur so*, indem wir umkehren zur ersten Liebe und zu den ersten Werken. Je mehr wir von dem verwirklichen, was wir in den ersten Anfängen sehen, desto näher kommen wir auch zusammen. Das ist nämlich der apostolische Glaube, der den Heiligen (!) ein für alle Mal (!) überliefert wurde (Jud 1,3).

Dazu gehört auch das wahre geistliche Leben und die Art, wie wir es empfangen. An Sardes richtet der Herr Jesus folgende Worte, die uns durchs Herz gehen sollen:

„Ich kenne deine Werke: Du hast den Namen, dass du lebst, und bist doch tot. Werde wach und stärke das Übrige, das im Begriff steht zu sterben; denn ich habe deine Werke nicht vollendet erfunden vor Gott." (Offb 3,1-2).

Woran sieht der Herr Jesus, der diese Worte an alle richtet, die Ohren haben zu hören (Offb 3,6), ob wir lebendig oder tot sind? An dem, was wir tun! Es genügt dem Herrn Jesus nicht, dass wir formell einer Kirche angehören und den Namen „Christ" tragen. Das macht uns nicht lebendig.

Es genügt dem Herrn auch nicht, wenn *einiges* richtig ist in einer Gemeinde. Oft redet man sich heraus, indem man sagt, es ist ja nicht alles schlecht. Ja, die katholische Kirche macht einiges gut und richtig, auch die Freikirchen liegen nicht in allem falsch. Selbst bei den Evangelischen gibt es noch ein paar gallische Dörfer, die dem Modernismus Widerstand leisten. *Aber sind ihre Werke vollendet?* Bei weitem nicht!

Doch mit all ihren Gemeindetraditionen, den Bekenntnistexten und Dogmen haben sie sich gleichzeitig eingesperrt und sind nicht mehr in der Lage sich biblisch zu reformieren, ohne dass sie die Mauern ihres selbstgebauten Gefängnisses sprengten. *Biblische Reformation wäre das Ende aller Konfessionen,* und ist doch der einzige Weg, um die ersten Werke tun zu können und in den Werken vollendet zu werden. Wer sich zufrieden gibt mit dem Erreichten, der kann den Herrn Jesus nicht zufriedenstellen, der hat Ihn noch nicht erkannt, wie Er ist. Und das liegt an der Verkündigung eines radikal verkümmerten Evangeliumsrestes, der Botschaft von Gnade und Vergebung, der Erhebung des Mittels zum Zweck auf Kosten des Zwecks.

„So denke nun daran, wie du empfangen und gehört hast, und bewahre es und tue Buße!" (Offb 3,3).

Diesen Vers darf man niemandem sagen, der bei Billy Graham oder durch die „Vier geistlichen Gesetze" zum Glauben gekommen ist, wo lediglich das radikal verkürzte „Evangelium" der Sündenvergebung und der billigen Gnade gepredigt wurde. Gemeint ist die Botschaft, die am Anfang gepredigt wurde, das Evangelium vom Reich Gottes. Dieses dringt an uns wie die Armee eines bei weitem überlegenen Königs und stellt uns vor eine schwerwiegende Entscheidung:

„Oder welcher König, der ausziehen will, um mit einem anderen König Krieg zu führen, setzt sich nicht zuvor hin und berät, ob er imstande ist, mit zehntausend dem zu begegnen, der mit zwanzigtausend gegen ihn anrückt? Wenn aber nicht, so sendet er, solange jener noch fern ist, eine Gesandtschaft und bittet um die Friedensbedingungen." (Lk 14,31-32).

Wir befinden uns angesichts des nahe herbeigekommenen Reiches Gottes in einer aussichtslosen Lage. Johannes der Täufer sagt, dass die Axt bereits an die Wurzel jedes Baumes gelegt ist, der keine gute Frucht bringt. Gibt es eine Aussicht auf ein Überleben? Wird der heranrückende König Gnade walten lassen? Was sind die Friedensbedingungen? Wer um die Friedensbedingungen bittet, der kapituliert bedingungslos – das ist die biblische Bekehrung! Was sind die Friedensbedingungen? Der Herr Jesus spricht weiter:

„So kann auch keiner von euch mein Jünger sein, der nicht allem entsagt, was er hat." (Lk 14,33).

Echt jetzt? Ja, und immer wieder betont der Herr Jesus dasselbe:

„Trachtet vielmehr nach dem Reich Gottes, so wird euch dies alles hinzugefügt werden! Fürchte dich nicht, du kleine Herde; denn es hat eurem Vater gefallen, euch das Reich zu geben. Verkauft eure Habe und gebt Almosen! Macht euch Beutel, die nicht veralten, einen Schatz, der nicht vergeht, im Himmel, wo kein Dieb hinkommt und keine Motte ihr Zerstörungswerk treibt. Denn wo euer Schatz ist, da wird auch euer Herz sein." (Lk 12,31-34).

„Da blickte ihn Jesus an und gewann ihn lieb und sprach zu ihm: Eines fehlt dir! Geh hin, verkaufe alles, was du hast, und gib es den Armen, so wirst du einen Schatz im Himmel haben; und komm, nimm das Kreuz auf dich und folge mir nach! Er aber wurde traurig über dieses Wort und ging betrübt davon; denn er hatte viele Güter. Da blickte Jesus umher und sprach zu seinen Jüngern: Wie schwer werden die Reichen in das Reich Gottes eingehen! Die Jünger aber erstaunten über seine Worte. Da begann Jesus wiederum und sprach zu ihnen: Kinder, wie schwer ist es für die, welche ihr Vertrauen auf Reichtum setzen, in das Reich Gottes hineinzukommen! Es ist leichter, dass ein Kamel durch das Nadelöhr geht, als dass ein Reicher in das Reich Gottes hineinkommt.“ (Mk 10,21-25).

Jeder kennt die Geschichte vom reichen jungen Mann, der nicht bereit war alles aufzugeben – und *jeder* Prediger, den ich dazu gehört habe, beschwichtigte die Gemeinde sofort damit, dass dies ja nur diesen einen Mann betroffen hätte. Bei jedem sei es doch etwas anderes, an dem sein Herz hängt. Nein, der Herr Jesus ist sehr spezifisch, es geht Ihm – entgegen der beschwichtigenden Prediger – *durchaus* um unseren Reichtum und Besitz! Weil dies aber verschwiegen und verharmlost wird, sitzen in allen Gemeinden viele Reiche, die meinen, das Nadelöhr würde sich ihretwegen öffnen. Das ist nicht die Botschaft des Herrn.

Die Friedensbedingungen des Königs lauten: Gib alles auf und folge mir nach. Praktisch bedeutet das, dass in der Gemeinde niemand mehr seinen Besitz als sein Eigentum ansieht, sondern alles ist allen gemeinsam, wie es berichtet wird:

„Und die Menge der Gläubigen war ein Herz und eine Seele; und auch nicht einer sagte, dass etwas von seinen Gütern sein eigen sei, sondern alle Dinge waren ihnen gemeinsam. Und mit großer Kraft legten die Apostel Zeugnis ab von der Auferstehung des Herrn Jesus, und große Gnade war auf ihnen allen. Es litt auch niemand unter ihnen Mangel; denn die, welche Besitzer von Äckern oder Häusern waren, verkauften sie und brachten den Erlös des Verkauften und legten ihn den Aposteln zu Füßen; und man teilte jedem aus, so wie jemand bedürftig war." (Apg 4,32-35).

Diese Liebe ist die Kraft des apostolischen Zeugnisses vor der Welt.

Die Jünger waren anfangs völlig entsetzt von diesen Worten, und auch heute werden diese Schriftstellen als „harte Reden" betrachtet, und die Kunst der Prediger besteht darin, sie weich zu machen. Oder aber – was auch vorkommt – lieber viele Predigten über den verlorenen Sohn stattdessen zu halten. Das ist ja auch irgendwie Evangelium, und so „positiv". Es ist ein Selbstbetrug, den Friedensbedingungen ausweichen zu wollen.

„Sie aber entsetzten sich sehr und sprachen untereinander: Wer kann dann überhaupt errettet werden? Jesus aber blickte sie an und sprach: Bei den Menschen ist es unmöglich, aber nicht bei Gott! Denn bei Gott sind alle Dinge möglich." (Mk 10,26-27).

Das ist der Punkt. Die Friedensbedingungen sind deshalb so „übermenschlich", weil sie allein im Glauben und mit Gottes Hilfe erfüllt werden können. Wenn Er uns nicht zieht und wir uns ziehen lassen, können wir nicht Seine Jünger werden. Wer aus eigenem Antrieb Ihm nachfolgen wollte, der will dies meist auch zu den eigenen Bedingungen („Lass mich zuerst meinen Vater begraben" – Lk 9,59). Diesen machte der Herr es doppelt schwer. Hier trennt sich die Spreu vom Weizen. Hier beginnt die Gemeinde mit solchen, die wirklich den Herrn Jesus *Herr über alles* sein lassen, und nicht mit solchen, die irgendwie in den Himmel kommen wollen – möglichst gratis.

Wenn wir nicht wirklich loslassen und unsere Hände leer machen, dann können wir auch das Geschenk des neuen Lebens und unser Erbe in Seinem Reich nicht empfangen. Wir können nicht beides haben: irdischen Reichtum und himmlische Seligkeit.

„Da begann Petrus und sprach zu ihm: Siehe, wir haben alles verlassen und sind dir nachgefolgt! Jesus aber antwortete und sprach: Wahrlich, ich sage euch: Es ist niemand, der Haus oder Brüder oder Schwestern oder Vater oder Mutter oder Frau oder Kinder oder Äcker verlassen hat um meinetwillen und um des Evangeliums willen, der nicht hundertfältig empfängt, jetzt in dieser Zeit Häuser und Brüder und Schwestern und Mütter und Kinder und Äcker unter Verfolgungen, und in der zukünftigen Weltzeit ewiges Leben." (Mk 10,28-30).

Hier fasst der Herr vieles zusammen, was wir in diesem Buch betrachtet haben. Das Reich Gottes nimmt uns aus der Welt (und unsere diversen Bindungen) heraus und fügt uns zu einer ganz neuen Familie zusammen, die Gemeinschaft der Heiligen. Die Welt wird uns dafür hassen und auf die eine oder andere Weise verfolgen, und das wird für niemanden „lustig" sein. So normal sollte uns das jedoch sein, wie Paulus dies den jungen Gemeinden von Anfang an bewusst machte:

„Dabei stärkten sie die Seelen der Jünger und ermahnten sie, unbeirrt im Glauben zu bleiben, und sagten ihnen, dass wir durch

viele Bedrängnisse in das Reich Gottes eingehen müssen." (Apg 14,22).

Wahres Christsein sieht anders aus. Diese Dinge irritieren deshalb so sehr, weil es kaum Gemeinden gibt, die das noch lehren und tun. Wenn uns die Einheit der Kinder Gottes aber wichtig ist, dann müssen wir selbst aufbrechen an den Ort, d.h. zu der Verkündigung und Praxis, die der Herr den Aposteln anvertraut hat, dass die alle Jünger lernen sollten. Wir müssen die dogmatischen Gefängnisse kirchlicher Traditionen verlassen, um das tun zu können, was der Herr eigentlich von uns will.

Die wahre Ökumene beginnt mit Umkehr:

„Gedenke, wovon du gefallen bist".

WAS BEDEUTET DAS FÜR UNS?

War es für uns die kalte Dusche, die ich eingangs ange-
kündigt habe? Haben wir die Liebe zu Gott und den
Seinen, um die Wahrheiten, die in den letzten Seiten ans
Licht gebracht wurden, freudig anzunehmen? Oder
steigen in uns Einwände und Zurechtweisungen gegenüber diesen Darlegungen auf?

Es steht uns nicht zu, andere zu richten

*„Richtet nicht, damit ihr nicht gerichtet werdet! Denn mit dem-
selben Gericht, mit dem ihr richtet, werdet ihr gerichtet werden;
und mit demselben Maß, mit dem ihr anderen zumesst, wird auch
euch zugemessen werden."* (Mat 7,1-2).

Mit diesem Vers werden alle unerwünschte Wahrheiten
und jede Kritik „biblisch" zum Schweigen gebracht.
Aber haben nicht alle Propheten Gottes scharf die Heuchelei und Lüge, die Ungerechtigkeit und den Unglau-
ben im Volk offen angeprangert? Als Johannes der
Täufer kam, um das Volk zur Umkehr aufzurufen, wäre
es da angemessen gewesen, ihm mit diesem Vers zu
antworten? Oder sollen die Theologen, die behaupten,
Jesus sei nur ein Mensch und Joseph sein biologischer
Vater, unwidersprochen ihr Werk weitertreiben und
Generationen von idealistischen Theologiestudenten
den Glauben vergällen dürfen? Paulus sieht das ganz
anders:

*„Ich ermahne euch aber, ihr Brüder: Gebt Acht auf die, welche
Trennungen und Ärgernisse bewirken im Widerspruch zu der
Lehre, die ihr gelernt habt, und meidet sie!"* (Röm 16,17).

Überdies bin es ja nicht ich, der alle Gemeinden und Kirchen aufruft, zur ersten Liebe umzukehren und die ersten Werke zu tun (Offb 2,5), sondern der Herr Jesus! Wollen wir Ihm mit seinem eigenen Wort antworten, Er solle nicht richten? Er ist ja der Richter *der Lebenden* und der Toten! Darum heißt es:

„Habt Acht, dass ihr den [Jesus] nicht abweist, der redet! Denn wenn jene nicht entflohen sind, die den abgewiesen haben, der auf der Erde göttliche Weisungen verkündete [Moses], wieviel weniger wir, wenn wir uns von dem abwenden, der es vom Himmel herab tut!" (Heb 12,25).

Wir sollen mehr auf den Balken im eigenen Auge achten

„Was siehst du aber den Splitter im Auge deines Bruders, und den Balken in deinem Auge bemerkst du nicht? Oder wie kannst du zu deinem Bruder sagen: Halt, ich will den Splitter aus deinem Auge ziehen! – und siehe, der Balken ist in deinem Auge? Du Heuchler, zieh zuerst den Balken aus deinem Auge, und dann wirst du klar sehen, um den Splitter aus dem Auge deines Bruders zu ziehen!" (Mat 7,3-5).

Soll der Splitter im Auge des Bruders bleiben? Offensichtlich nicht. Er muss entfernt werden. Und mein Balken? OK, ich könnte meinen Balken vielleicht von dem entfernen lassen, der nur einen Splitter hat und ja viel besser sehen müsste. Das wäre einmal ein neuer Zugang zu diesem Text, wenn ich zugebe, dass ich tatsächlich einen Balken habe und den anderen herzlich darum bitte, ihn zu entfernen. Aber so wird dieser Vers ja nicht angewandt. Was meint man, wenn man dieses Wort des Herrn ins Feld führt? Lass mir doch meinen Splitter!

Niemand, der diesen Vers zitiert, um Kritik abzuweisen, will den eigenen Splitter entfernt haben. Wir verwenden ihn wie kleine Kinder: „Ich bin ein bisschen schlimm, aber der da ist noch viel schlimmer als ich!" Sollte also die Gemeinde in Ephesus dem Herrn sagen, dass die Gemeinde in Laodizäa noch viel schlimmer sei als sie? Oder solle gar der Herr Jesus den Balken aus Seinem Auge entfernen? Absurd! Nun aber richtet der Herr Seine Zurechtweisung selten persönlich aus:

„*Dem Engel [oder Boten] der Gemeinde von Ephesus schreibe: Das sagt, der die sieben Sterne in seiner Rechten hält, der inmitten der sieben goldenen Leuchter wandelt: Ich kenne deine Werke …* " (Offb 2,1).

Die Gemeinde hört das Wort des Herrn durch den Boten, der es überbringt. Was soll die Gemeinde antworten? „Du bist ja auch nur ein fehlerhafter Mensch, wie willst du uns zurechtweisen?!" Im letzten läuft es auf diese wirklich schlimme Haltung heraus: „Wenn der Herr uns etwas zu sagen hat, dann soll Er kommen und es uns persönlich sagen!" oder auch: „Nur fehlerfreie Menschen dürfen uns korrigieren." Merken wir, wie unangemessen und hochmütig das eigentlich ist?

Natürlich ist das Gleichnis vom Splitter und vom Balken wichtig. Es zielt darauf ab, sich selbst gegenüber noch kritischer zu sein als gegenüber anderen – aber der Splitter im Auge des anderen muss ebenso entfernt werden wie mein Balken. Tatsächlich gab es viele Balken in meinem Auge, und vieles musste ich neu überdenken und korrigieren. Ich war einst ein begeisterter Freikirchler, evangelikal bis ins Knochenmark. Doch als mein Bruder mir einmal das Buch „Will the

Real Heretics Please Stand Up" gab, wurde ich überführt und musste mir eingestehen, dass vieles von dem, was ich für biblisch hielt, protestantische Traditionen und menschliche Meinungen waren. Das war schmerzhaft! Ich erkannte in der weiteren Beschäftigung mit den Kirchenvätern, die ich einst hochmütig als uninspiriert beiseite gewischt habe, dass selbst bei den Katholiken manches biblischer war als bei uns. Keineswegs bin ich einer, der sagt, nur ich habe in allem Recht. Der Herr Jesus hat in allem Recht, und Ihm müssen wir in allem gehorsam *werden*. Darum kann man nicht sagen, dass man das Ziel bereits erreicht hätte, denn es ist und bleibt ein Lernprozess:

„Nicht dass ich es schon erlangt hätte oder schon vollendet wäre; ich jage aber danach, dass ich das auch ergreife, wofür ich von Christus Jesus ergriffen worden bin. Brüder, ich halte mich selbst nicht dafür, dass ich es ergriffen habe; eines aber tue ich: Ich vergesse, was dahinten ist, und strecke mich aus nach dem, was vor mir liegt, und jage auf das Ziel zu, den Kampfpreis der himmlischen Berufung Gottes in Christus Jesus." (Phil 3,12-14).

Dazu gehört auch, sich von allem zu trennen, was uns von diesem Ziel abhält. Unter anderem die Gemeinschaft mit den „Gefäßen zur Unehre", wie Paulus sie nennt, um mit jenen Gemeinschaft zu pflegen, die den Herrn aus reinem Herzen anrufen (in Heiligkeit und mit gutem Gewissen, als solche die sich dem „Sündenvermeidungsstress" nicht entziehen). Das ist die Gemeinschaft, wo man regelmäßig einander hilft, klarer zu sehen, weil man still hält und sich nicht wehrt, wenn man einander die Splitter und Balken aus den Augen zieht.

Die vollkommene Gemeinde gibt es nicht

Das letzte Trumpf im Ärmel derer, die die Liebe zur Wahrheit nicht annehmen wollen, ist die Behauptung: „Die vollkommene Gemeinde gibt es nicht." Warum ist das eine Behauptung? Weil die meisten nur ihre eigene Gemeinde kennen, sich mit dem allzu menschlichen abgefunden haben und meinen, es könne gar nicht anders sein.

So sehr es stimmt, dass kein Mensch auf Erden in allen Punkten vollkommen ist,[47] zeigt uns Paulus an seinem Beispiel, dass wir der Vollkommenheit nachjagen sollen! Wiederum dient die Aussage, es gebe keine vollkommene Gemeinde lediglich der Bewahrung des Status Quo. Kaum eine Kirche oder Gemeinschaft ist zu mehr als ein paar kosmetischen Korrekturen bereit. Der Herr Jesus fordert aber nicht die Rückkehr zur Liebe von vorgestern oder das Wiederaufnehmen der gestrigen Werke, sondern die Rückkehr zum Anfang, zum Beginn. Als der Heilige Geist zu Pfingsten die Gemeinde gründete, war sie eine vollkommene neue Schöpfung, wie auch wir mit der neuen Geburt eine vollkommen neue Schöpfung sind:

„Ist jemand in Christus, so ist er eine neue Schöpfung; das Alte ist vergangen; siehe, es ist alles neu geworden!" (2.Kor 5,17).

Glauben wir das? Glauben wir das wirklich aus tiefster Überzeugung? Warum erleben wir es dann nicht so?

---

[47] Die Bibel nennt uns allerdings einige wenige Ausnahmen wie Noah, Hiob oder Daniel, die von Gott selbst als so untadelig bezeichnet werden, dass sie sich durch ihre eigene Gerechtigkeit retten hätten können (Hes 14,14).

Weil die meisten nicht genug Wert darauf legen, das geschenkte weiße Gewand der Gerechtigkeit rein und unbefleckt zu bewahren. Einige bemühen sich darum:

„Doch du hast einige wenige Namen auch in Sardes, die ihre Kleider nicht befleckt haben; und sie werden mit mir wandeln in weißen Kleidern, denn sie sind es wert." (Offb 3,4).

Diese sind den anderen in der Regel ein Ärgernis und nicht selten wirft man ihnen vor: „Willst du heiliger sein als wir alle?" In den meisten Kirchen und Gemeinden werden die Freude, der Schwung und der Eifer eines Neubekehrten rasch auf ein „normales" oder „verträgliches" Niveau abgekühlt. Die Welt erträgt es nicht, wenn jemand zu radikal für den Herrn Jesus lebt – die Gemeinde will ja nicht unnötig auffallen oder provozieren, und ehe man sich's versieht, findet man sich in Laodizäa wieder:

„Ich kenne deine Werke, dass du weder kalt noch heiß bist. Ach, dass du kalt oder heiß wärst! So aber, weil du lau bist und weder kalt noch heiß, werde ich dich ausspeien aus meinem Mund." (Offb 3,15-16).

Um es mit unseren Worten unverblümt zu sagen: Solche Gemeinden und Christen findet der Herr zum Erbrechen.

Die vollkommene Gemeinde – der Maßstab, an dem sich alle Gemeinden messen lassen müssen – ist das Werk Gottes zu Pfingsten in Jerusalem. Davon sind mit der Zeit alle (auch Jerusalem) mehr oder weniger weit abgewichen. Das Geheimnis liegt im *Bewahren* dessen, was uns geschenkt ist. Und wo dieses verlorengegangen ist, gilt es, dies wiederzuerlangen.

„So denke nun daran, wie du empfangen und gehört hast, und bewahre es und tue Buße!" (Offb 3,3).

„Siehe, ich komme bald; halte fest, was du hast, damit dir niemand deine Krone nehme!" (Offb 3,11).

„Alle, die ich liebhabe, die überführe und züchtige ich. So sei nun eifrig und tue Buße!" (Offb 3,19).

Die Worte des Herrn sind aus reiner, himmlischer Liebe heraus gesprochen. Wer liebt, freut sich der Wahrheit und wird entsprechend handeln.

Ein schmaler Weg, den nur wenige gehen

Es gibt nun drei Möglichkeiten, die Wahrheit im Leben zur Wirklichkeit werden zu lassen:

Die eigene Gemeinde kehrt gemeinsam um. Man stelle sich das vor! Da liest ein Ältester oder Pastor dieses Büchlein, erkennt darin vielleicht, wie weit er in seiner Lehre und dadurch die ganze Gemeinde abgewichen ist, kehrt um und leitet die ihm anvertraute Herde fortan auf dem schmalen Weg der Nachfolge, der allein zu den grünen Weiden führt! Was für eine Freude muss da vor dem Thron Gottes und Seinen heiligen Engeln herrschen!

Leider geschieht das selten, sodass schweren Herzens oft kein anderer Weg bleibt, als die Gemeinde zu verlassen um der Treue zum Herrn Jesus willen. Unsere Gemeinde in Wien ist so entstanden, und Bruder Harry hat sein Wohnzimmer geöffnet für Gleichgesinnte. Es ist eine kleine Schar, aber eine Schar, die bereit ist, dem Herrn zu folgen, wo immer Er uns hinführt. Wir sind noch nicht dort, wo wir meinen, alles umgesetzt zu haben, aber wir streben mit Eifer danach, alles zu tun, was der Herr geboten hat. Das alles mit Liebe und Freude am Herrn und aneinander. Doch bei uns allen gibt es auch den Trennungsschmerz, denn wir haben unsere alten Gemeinden nicht leichtfertig verlassen, sondern weil sie nicht hören wollten, was der Geist den Gemeinden sagt.

Der dritte Weg ist, sich eine möglichst bibeltreue Gemeinde zu suchen, wenn man sich selbst nicht in der Lage sieht, eine Hausgemeinde zu beginnen. Das ist auch herausfordernd, denn einerseits muss man sich hier sehr gründlich mit der Schrift befassen, um alles sauber prüfen zu können; andererseits gibt es auch viele, die auf den ersten Blick gut scheinen und sich dann als eine vereinnahmende Sekte entpuppen. Und drittens wird man oft einen Ortswechsel durchführen oder lange Anreisen in Kauf nehmen müssen, um zu einer guten Gemeinde wechseln zu können, denn es gibt solche Gemeinden nicht wie Sand am Meer. Der Weg wird mit mehreren Versuchen und Enttäuschungen gepflastert sein, denn es sind anerkannter Weise nur wenige, die den Weg des Herrn tatsächlich gehen:

„Geht ein durch die enge Pforte! Denn die Pforte ist weit und der Weg ist breit, der ins Verderben führt; und viele sind es, die da hineingehen. Denn die Pforte ist eng und der Weg ist schmal, der zum Leben führt; und wenige sind es, die ihn finden." (Mat 7,13-14).

Wichtig ist für uns, bzw. für dich, um ganz persönlich zu werden, dass du dich auf den schmalen Weg begibst. Erst im Gehen, erst ist der aufrichtigen Nachfolge wirst du in der Erkenntnis wachsen, und der Herr wird dich zu Seinem Volk hinzufügen, wo immer Er dich haben will. Es ist ein Glaubensweg, wo zuerst nichts anderes zu sehen ist als der Herr Jesus selbst. Und du darfst dich auch an nichts anderes hängen oder binden, sondern musst alles los lassen für Ihn. Nicht du stellst die Bedingungen, sondern Er. Nicht du bestimmst, wo es hin geht, sondern Er. Das bedeutet das Wort Herr.

Ich habe es erlebt, dass alles andere sich mit jedem Schritt der Nachfolge zu klären beginnt, wenn der Blick nicht von dem weicht, der das Haupt der Gemeinde und damit auch die Mitte aller christlichen Einheit ist. Wer an Ihm hängt, Ihm folgt, vertraut und gehorcht, der ist genau dort, wo sich alle Christen einfinden sollten, um einmütig und mit einer Stimme den Gott und Vater unseres Herrn Jesus Christus zu preisen (Röm 15,6). Er ist unseres Lobes zu aller Zeit würdig. Sind *wir* aber würdig, Ihn zu loben und zu Seiner Festversammlung geladen zu sein?

„Die Hochzeit ist zwar bereit, aber die Geladenen waren nicht würdig." (Mat 22,8).

„Nur führt euer Leben würdig des Evangeliums von Christus, damit ich, ob ich komme und euch sehe oder abwesend bin, von euch höre, dass ihr fest steht in einem Geist und einmütig miteinander kämpft für den Glauben des Evangeliums." (Phil 1,27).

„Deshalb hören wir auch seit dem Tag, da wir es vernommen haben, nicht auf, für euch zu beten und zu bitten, dass ihr erfüllt werdet mit der Erkenntnis seines Willens in aller geistlichen Weisheit und Einsicht, damit ihr des Herrn würdig wandelt und ihm in allem wohlgefällig seid: in jedem guten Werk fruchtbar und in der Erkenntnis Gottes wachsend, mit aller Kraft gestärkt

gemäß der Macht seiner Herrlichkeit zu allem standhaften Ausharren und aller Langmut, mit Freuden, indem ihr dem Vater Dank sagt, der uns tüchtig gemacht hat, teilzuhaben am Erbe der Heiligen im Licht. Er hat uns errettet aus der Herrschaft der Finsternis und hat uns versetzt in das Reich des Sohnes seiner Liebe, in dem wir die Erlösung haben durch sein Blut, die Vergebung der Sünden." (Kol 1,9-14).

INDEX

Nichts, was ich sage, hat irgendeine Bedeutung. Was die Heilige Schrift sagt, das zählt. Folgende Schriftstellen liegen der vorliegenden Arbeit ausdrücklich zugrunde, dahinter stehen aber die ganze Heilsgeschichte, das Verständnis, was das Volk Gottes ist und die *unauslotbaren* Tiefen des Opfers Jesu am Kreuz, worauf um der angestrebten Kürze Willen nicht ausführlich eingegangen werden konnte.